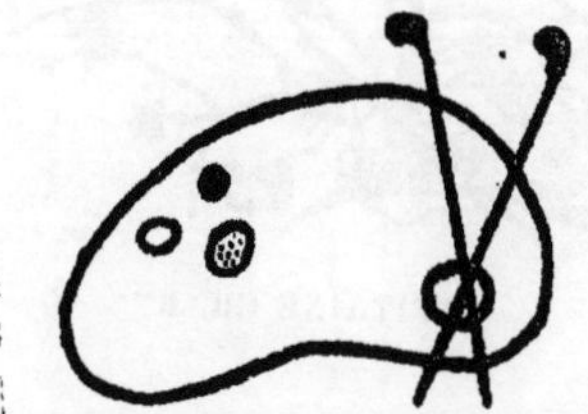

Couvertures supérieure et inférieure
en couleur

CAPITAINE CH. B***
ABDALLAH-BEN-SALEM
LA PRISE D'ALGER
Alfred Mame et Fils
Éditeurs
Tours

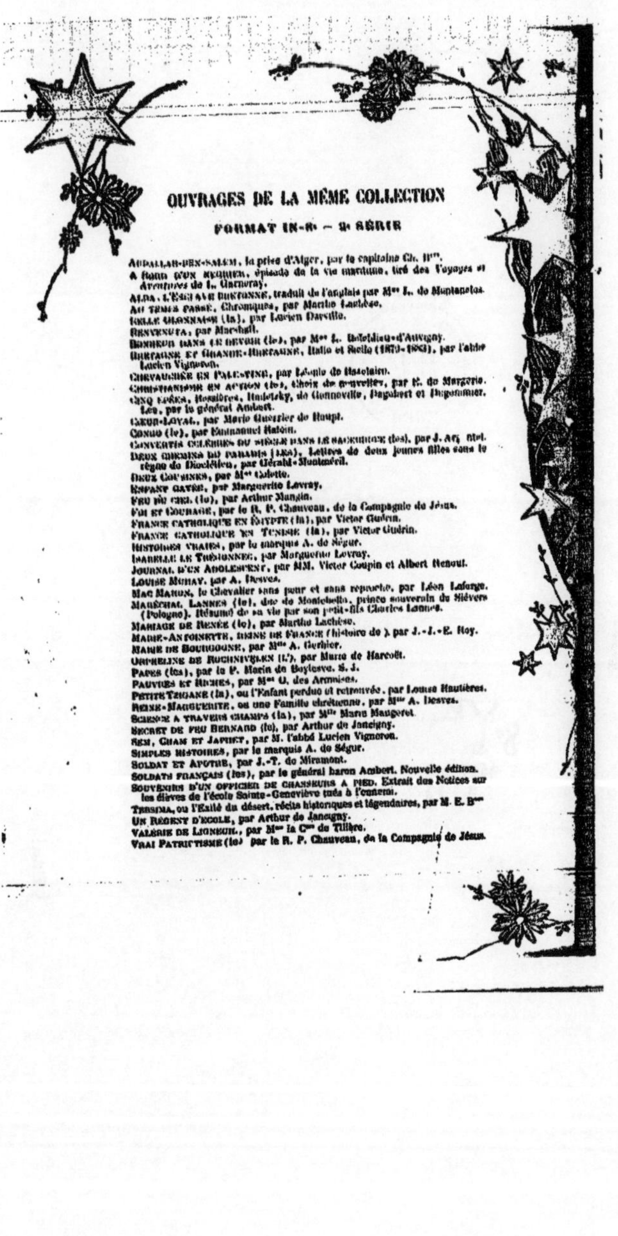

OUVRAGES DE LA MÊME COLLECTION

FORMAT IN-8° — 2e SÉRIE

Abdallah-ben-Salem, la prise d'Alger, par le capitaine Ch. B***.
À bord d'un négrier, épisode de la vie maritime, tiré des *Voyages et Aventures* de L. Garneray.
Alda, l'esclave bretonne, traduit de l'anglais par Mme L. de Montanclos.
Au temps passé, Chroniques, par Marthe Lachèse.
Helle Olonnaise (la), par Lucien Darville.
Benvenuta, par Marshall.
Bonheur dans le devoir (le), par Mme L. Boïeldieu-d'Auvigny.
Bretagne et Grande-Bretagne, Italie et Sicile (1879-1883), par l'abbé Lucien Vigneron.
Chevauchée en Palestine, par Léonie de Bazelaire.
Christianisme en action (le), choix de nouvelles, par E. de Margerie.
Cinq épées, Bessières, Radetsky, de Gonneville, Dagobert et Dugommier, Léo, par le général Ambert.
Cœur-Loyal, par Marie Guerrier de Haupt.
Conuo (le), par Emmanuel Ratoin.
Convertis célèbres du siècle dans le sacerdoce (les), par J. Artiol.
Deux chemins du paradis (les), Lettres de deux jeunes filles sous le règne de Dioclétien, par Gérald-Montméril.
Deux Cousines, par Mme Colette.
Enfant gâtée, par Marguerite Levray.
Feu du ciel (le), par Arthur Mangin.
Foi et Courage, par le R. P. Chauveau, de la Compagnie de Jésus.
France catholique en Égypte (la), par Victor Guérin.
France catholique en Tunisie (la), par Victor Guérin.
Histoires vraies, par le marquis A. de Ségur.
Isabelle le Trésionnec, par Marguerite Levray.
Journal d'un adolescent, par MM. Victor Coupin et Albert Renout.
Louise Muray, par A. Desves.
Mac Mahon, le Chevalier sans peur et sans reproche, par Léon Laforge.
Maréchal Lannes (le), duc de Montebello, prince souverain de Siévers (Pologne). Résumé de sa vie par son petit-fils Charles Lannes.
Mariage de Renée (le), par Marthe Lachèse.
Marie-Antoinette, reine de France (histoire de), par J.-J.-E. Roy.
Marie de Bourgogne, par Mlle A. Gerbier.
Orpheline de Rochnivelen (l'), par Marie de Harcoët.
Papes (les), par le P. Marin de Boylesve, S. J.
Pauvres et Riches, par Mme O. des Armoises.
Petite Tzigane (la), ou l'Enfant perdue et retrouvée, par Louise Hautière.
Reine-Marguerite, ou une Famille chrétienne, par Mlle A. Desves.
Science à travers champs (la), par Mlle Marie Maugeret.
Secret de feu Bernard (le), par Arthur de Janeigny.
Sem, Cham et Japhet, par M. l'abbé Lucien Vigneron.
Simples histoires, par le marquis A. de Ségur.
Soldat et Apôtre, par J.-T. de Miramont.
Soldats français (les), par le général baron Ambert. Nouvelle édition.
Souvenirs d'un officier de chasseurs à pied. Extrait des Notices sur les élèves de l'école Sainte-Geneviève tués à l'ennemi.
Tresina, ou l'Exilé du désert, récits historiques et légendaires, par M. E. B***
Un régent d'école, par Arthur de Janeigny.
Valérie de Ligneuil, par Mme la Ctesse de Tillière.
Vrai Patriotisme (le), par le R. P. Chauveau, de la Compagnie de Jésus.

ABDALLAH-BEN-SALEM

SÉRIE IN-8°

Abdallah-ben-Salem.

CAPITAINE CH. B***

ABDALLAH-BEN-SALEM

LA PRISE D'ALGER

TOURS

MAISON ALFRED MAME ET FILS

ABDALLAH-BEN-SALEM

I

L'AMBASSADEUR DE FRANCE

« Père, allons-nous-en; je t'en prie, partons, répéta pour la troisième fois le petit Abdallah, saisissant d'un geste respectueux et suppliant le bras de son compagnon, et fixant sur lui ses yeux vifs et intelligents.

— Pourquoi donc, enfant? repartit l'homme auquel s'adressait cette ardente prière. Ne sommes-nous pas en sûreté ici? Qui peut nous reconnaître dans cette foule et au milieu de ce tumulte? Toi, d'abord, cher petit, tu n'as rien à craindre. Les gens de ton pays ne font jamais de mal aux enfants; d'ailleurs, si quelque janissaire ou quelque soldat du Maghzen voulait mettre la main sur toi, tu aurais vite fait, avec tes jambes de gazelle, de te dérober à sa poursuite. Quant à moi, comment veux-tu que, sous mon burnous et avec ce haïk, on découvre le Père André? D'ailleurs, je te l'ai bien souvent répété, rien n'arrive ici-bas que par la volonté de Dieu, de ce Dieu des chrétiens que je t'ai appris à connaître et à aimer. C'est par son infinie bonté que jusqu'ici j'ai pu échapper aux soldats du dey. Crois-tu qu'aujourd'hui ce Dieu puissant veuille soudain m'abandonner, précisément au moment où les envoyés français, qui le servent et qui l'aiment, vont mettre le pied sur la terre algérienne? Ne crains rien, Abdallah, mon enfant. Au reste, les soldats et la police ont autre chose à faire aujourd'hui que s'occuper de moi. »

Cette conversation s'échangeait, à voix basse, certain matin de la fin d'août 1829, entre Abdallah-ben-Salem, jeune Kabyle d'une douzaine d'années, et le Père André, religieux missionnaire français, que la grande nouvelle de l'arrivée d'un ambassadeur du roi Charles X avait attirés, comme d'ailleurs toute la population d'Alger, sur le bord de la mer, à l'endroit où le fameux Kheir-ed-Din avait construit le port, en reliant par une jetée les îles et les îlots qui protégeaient la ville contre les vents du large.

Mais le calme du missionnaire ne rassurait pas l'enfant. Il devenait plus inquiet, plus pressant.

« Père, dit-il tout bas, comme s'il eût craint d'être entendu par un de ces terribles janissaires d'Hussein-dey, dont tout Alger redoutait les cruautés, si nous ne partons pas, tu seras vendu au pacha. Et tiens, là-bas, regarde! Non, pas par là, de ce côté, derrière les deux palmiers : ce juif qui fait semblant d'examiner la mer, c'est Bacri, qui demeure à Bab-Azoun. Tout à l'heure il te regardait, et s'il t'a reconnu, il ira te dénoncer aux janissaires. Tu sais bien qu'il a déjà vendu des roumis au moment où le consul de ton pays a été insulté par le dey; chaque fois qu'il en fait arrêter un, on lui donne des pièces d'or et des douros d'Espagne. Et que deviendrons-nous lorsqu'on t'aura enfermé dans la casbah ? »

Cette dernière raison parut faire impression sur le missionnaire.

« Allons, puisque tu le veux, éloignons-nous, dit-il en souriant. Mais Bacri serait bien malin s'il m'avait reconnu.

— Oh ! Bacri est malin, Père ! »

Le Père André et son protégé se perdirent dans la foule.

Abdallah avait raison. Bacri avait reconnu sous son costume arabe le missionnaire français, et, comme l'avait dit le petit Kabyle, avait résolu de livrer le prêtre à la police du dey. Depuis des années que le chef des pirates algériens avait rompu tous rapports avec la France, le juif s'était fait une spécialité de la délation des chrétiens protégés de notre pays; et tandis que ses coreligionnaires exerçaient le commerce des dattes, des oranges, des babouches et des tapis, il s'était adonné à une industrie singulièrement plus lucrative : il vendait les chrétiens à la police d'Hussein-pacha.

Jusqu'à ce moment, le Père André avait échappé aux investigations du juif. Depuis que la situation s'était tendue entre le chef de la régence et le gouvernement français, le missionnaire ne sortait plus que le soir et toujours sous un costume arabe. D'ailleurs, la fidélité et la discrétion des familles kabyles qu'il avait converties à notre religion étaient pour lui une précieuse sauvegarde. Et Salem, le père d'Abdallah, avait maintes fois déclaré qu'il poignarderait de son long flissa toute personne, juif, Turc ou Maure, qui s'attaquerait à la personne de celui que tous les pauvres de Bab-el-Oued appelaient leur père.

Vainement le missionnaire avait-il voulu faire comprendre à Salem que la loi chrétienne défend l'homicide. Ses raisonnements s'étaient heurtés à la farouche obstination de son néophyte et de son hôte.

« Père, s'ils te touchent, ils mourront, » se contentait de répondre Salem.

Quand il s'agissait du Père André, le Kabyle devenait intraitable. Aussi Bacri, connaissant la vénération dont était l'objet de la part des convertis le missionnaire français, et ne se souciant pas de faire connaissance avec le long couteau de Salem, cherchait-il un moyen de toucher la prime de sa dénonciation sans compromettre sa précieuse existence. Son flair d'espion juif lui avait fait deviner le Père André sous son burnous arabe, et, tout en regardant obstinément du côté du large, le misérable ne perdait aucun des gestes du prêtre et de son petit compagnon.

La haute stature du missionnaire permettait d'ailleurs de le suivre aisément dans les mille remous de la foule. Ses mouvements étaient plus nets, plus vifs, plus décidés que ceux des hommes qui l'entouraient. D'ailleurs l'appât du gain, l'espoir d'augmenter à bref délai son trésor, donnaient à Bacri une ardeur de limier. Dès que le Père André et Abdallah se furent enfoncés dans la foule, le juif sortit de derrière le rideau d'arbres qui l'avait jusqu'alors masqué et se dirigea à son tour vers la jetée Kheir-ed-Din qui relie au continent les îles El-Djezaïr.

Ces îles, couvertes par les Barberousse de fortifications et de batteries, permettent d'embrasser la haute mer aussi loin que la vue peut s'étendre. Du haut de leurs remparts on a devant soi l'horizon infini. Les embrasures creusées dans le roc laissent apercevoir les gueules des canons prêtes à vomir la mort sur les téméraires qui voudraient entrer dans le port où depuis trois cents ans règne sans conteste le chef des pirates algériens. Sur le sommet d'une tour qui sert à la fois de réduit fortifié et d'observatoire, flotte la bannière du dey; le croissant de pourpre qui la décore défie la civilisation. Et de fait, malgré les cruelles leçons données depuis un siècle aux pirates barbaresques par les nations chrétiennes, il semble que l'Europe ait renoncé à détruire ce nid de brigands, et que la Croix ne doive plus resplendir sur cette terre d'Afrique naguère arrosée du sang des martyrs, aujourd'hui courbée sous le joug des disciples de Mahomet.

« Non, ce n'est pas possible, murmure à part lui le prêtre français. Dieu ne permettra pas que ce beau pays reste à jamais abîmé dans les ténèbres de la barbarie. Et qui sait si l'heure de la justice n'a point sonné ; si les navires français qui doivent, dit-on, arriver aujourd'hui ne vont pas être les instruments de la Providence pour la transformation et la civilisation de la terre algérienne ? »

Et le prêtre, ému jusqu'au fond du cœur, sent redoubler en lui l'espérance et la foi. Une muette prière s'envole de son âme vers le Dieu des chrétiens et des Francs ; un sentiment de patriotique orgueil envahit tout son être à l'idée qu'une fois de plus sa nation bien-aimée accomplira l'œuvre divine : *Gesta Dei per Francos.*

Aussi a-t-il oublié les recommandations de son jeune compagnon ; il ne sent plus la petite main crispée de l'enfant, qui essaie en vain de l'entraîner vers la demeure hospitalière de Bab-el-Oued.

Il veut être des premiers à voir entrer au port les vaisseaux francs ; il veut saisir sur le visage de ses compatriotes la manifestation de la volonté du roi de France; et il s'avance, il s'avance toujours. Confondu avec les Arabes, les Turcs, les couloughlis, les biskris, le voilà sur la jetée au premier rang. Derrière lui, sans vergogne cette fois, s'est placé le juif Bacri. Mais qu'importe au missionnaire français? La France est là, vibrante, hautaine, glorieuse. Et le coup de canon qui vient d'être tiré là-bas, à bord du navire-amiral, pour appuyer le pavillon du roi, agite le prêtre jusqu'au plus profond de son être. Il lui semble que cette détonation répétée par les mille anfractuosités des rochers, et dont l'écho va se prolongeant à travers les collines du Sahel, est le signal du prochain triomphe; un cri de : « Vive la France! » monte de son cœur à ses lèvres. Il le réprime avec peine, replongé dans la réalité par le spectacle qui s'offre à ses yeux et par les clameurs qui soudain viennent déchirer ses oreilles.

Au coup de canon tiré du navire français, un coup de canon parti de la casbah avait répondu; à ce signal, tous les forts, toutes les batteries, les édifices, les minarets avaient hissé le drapeau algérien, tandis que d'immenses acclamations s'élevaient de la ville et du port, cris de défi, de vengeance et de haine.

« A mort les chrétiens, à mort les roumis; longue vie au sultan, notre maître, longue vie au pacha, louange à Dieu et à Mahomet! »

Et toute cette foule bariolée et hurlante se portait vers les degrés de pierre par lesquels devaient monter vers la ville les navigateurs étrangers, qu'un vent favorable poussait à toutes voiles vers Alger la blanche.

Cependant une musique étrange, mélange bizarre de flûtes, de tambours et de tambourins, domina tout à coup

L'odieux juif désignait de la main un homme dans la direction des Européens qui montaient vers la Casbah.

les cris de la populace ; un bataillon de janissaires, en assez bon ordre, descendait de la Casbah et venait occuper les issues du port. Bien que, dans son for intérieur, le dey d'Alger eût été ravi qu'un mouvement populaire se produisît, compromettant la vie des envoyés du roi de France, il n'avait point osé laisser carte blanche aux bandits qu'étaient à cette époque les habitants d'Alger. Et, sur les conseils des consuls de Sardaigne et d'Angleterre, il avait donné des ordres sévères pour que l'ambassadeur français et sa suite fussent, du moins momentanément, respectés.

Brutalement les janissaires et la police du dey refoulèrent les curieux. Le quai et l'escalier du port furent soudain dégagés. Un cordon de sentinelles contint la foule d'autant plus facilement que le pacha commandant les troupes avait en présence de la populace prescrit de charger les armes. Le Père André et son petit compagnon s'étaient réfugiés dans une embrasure, à demi protégés par le parapet d'une batterie.

Bacri, de son côté, en sa qualité de juif, avait été consciencieusement bousculé et malmené par la police turque ; mais, tenace comme tous ses coreligionnaires, il avait fini par se placer en observation non loin du missionnaire, et, ne le perdant pas des yeux, attendait patiemment que l'occasion se présentât de toucher la prime promise à quiconque ferait arrêter un chrétien.

De la place qu'il occupait, le Père André embrassait distinctement la haute mer, la rade et l'entrée du port.

« Vois-tu, enfant, murmurait-il au petit Kabyle, les deux navires que tu aperçois si nettement maintenant sont des vaisseaux de guerre ; ils contiennent en quantité des soldats et des canons. Et, sur un signe de celui qui les commande, ils pourraient tuer à distance des milliers d'habitants et brûler la ville. Mais ils ne le feront pas, car la France est miséricordieuse et son roi ne veut qu'obtenir justice du dey. Aussi le sultan des Français n'a-t-il envoyé à Alger que deux de ses navires, bien qu'il en possède cent fois davantage. »

Abdallah songeait, tout rêveur, à la puissance de ce sultan franc qui ne craignait pas d'envoyer des ordres au dey d'Alger, que tout le monde redoutait si fort.

Cependant les deux navires français étaient entrés dans le port et avaient jeté l'ancre. Bien qu'ils fussent à une certaine distance du rivage, l'air était si pur, le soleil si brillant, qu'on distinguait leurs noms écrits en lettres d'or sur la carène sombre.

« La *Provence*, l'*Alerte*, lut à haute voix cette fois le missionnaire français : un vaisseau de ligne et un brick.

— Un autre drapeau ! » dit soudain Abdallah.

En effet, à côté du drapeau blanc fleurdelisé, le commandant de l'escadrille avait fait hisser le drapeau parlementaire.

Un certain branle-bas se manifesta à bord des navires. Des commandements retentirent, un coup de sifflet déchira l'air, et un canot descendit lentement le long du bord. Tandis que douze rameurs y prenaient place, attendant, avirons levés, l'ordre de nager à la côte, une compagnie de débarquement, sur le pont de la *Provence*, présentait les armes. Un capitaine de vaisseau, en grande tenue de service, un autre officier supérieur de la marine, un enseigne, un interprète passèrent devant le front de la troupe gagnant la coupée.

Avant de descendre l'échelle, le capitaine de vaisseau se retourna, donna à voix basse un ordre à son second, qui fit un signe d'assentiment, puis les envoyés descendirent dans le canot.

« Nagez, » commanda l'enseigne assis à la barre.

Les avirons plongèrent en cadence et l'embarcation piqua droit vers la terre, tandis que les canons des navires, tirant en salves, annoncèrent au dey d'Alger l'arrivée de l'ambassadeur du roi de France.

Quelques minutes plus tard, M. le comte de la Bretonnière, capitaine du vaisseau *la Provence* et envoyé extraordinaire de Sa Majesté Charles X, mettait le pied sur la terre algérienne.

Hussein-dey, qui se piquait parfois de civilisation, bien que ses actes habituels fussent ceux d'un barbare avéré, avait envoyé au port ses ministres de la marine et des affaires étrangères, avec une suite nombreuse de pachas et de beys. De son côté, le consul de Sardaigne, comte d'Attili, était venu se mettre à la disposition de l'envoyé français, lui offrant sa maison et ses gens.

Les présentations furent rapides ; d'ailleurs, le comte d'Attili connaissait personnellement le comte de la Bretonnière et le commandant du brick *l'Alerte*, M. de Nerciat. Seul l'interprète, M. Bianchi, lui était étranger.

Il y eût eu danger d'ailleurs à prolonger cette cérémonie. Malgré la présence des janissaires et de la police, la foule devenait houleuse et hostile. Lorsque les étrangers avaient abordé le sol algérien, une sourde rumeur, des grondements sinistres s'étaient fait entendre. On eût dit que, pour ces fanatiques, l'avenir venait soudain de se révéler et qu'un lugubre pressentiment leur faisait deviner en ces roumis maudits les futurs maîtres de la régence algérienne.

De violentes imprécations, des cris à peine étouffés de : « A mort, roumis, fils de chien ! » se faisaient entendre. Sur un signe du pacha commandant les troupes, une compagnie de janissaires vint encadrer les Européens, tandis qu'un peloton d'hommes de la police se ruait, le sabre haut, sur les groupes d'où partaient les menaces. Une accalmie se produisit.

« Charmant peuple ! dit en souriant M. de la Bretonnière à M. de Norciat.

— Bah ! répliqua gaiement l'officier, tant qu'ils aboient ils ne mordent pas. Et d'ailleurs au petit bonheur.

— Monsieur le comte, nous sommes à vos ordres, » reprit l'ambassadeur, s'adressant au consul de Sardaigne.

Et le cortège s'ébranla, après que d'un geste bienveillant M. de la Bretonnière eut congédié l'enseigne, lui ordonnant de regagner rapidement la *Provence*.

Les troupes prirent la direction du palais. Tandis que les salutations s'échangeaient, le Père André s'était glissé jusque derrière le cordon de janissaires qui protégeait contre la foule le petit groupe d'Européens.

« Abdallah, dit tout à coup le missionnaire, tu vas rentrer à la maison, tu diras à ton père que je vais aller jusqu'à la Casbah ; je voudrais avoir une entrevue avec les envoyés français. Je reviendrai à Bab-el-Oued ce soir. Va, mon enfant ; je n'ai plus rien à redouter. »

Et comme Abdallah hésitait :

« Mais va-t'en donc, » commanda impérieusement le Père.

L'enfant obéit et se perdit dans la foule. Mais soudain

il s'arrêta, frémissant d'angoisse. A quelques pas de lui, Bacri parlait à voix basse à des soldats de la police du dey. L'odieux juif désignait de la main un homme dans la direction des Européens qui montaient à la Casbah. Abdallah suivit la direction de ce geste. Plus de doute : c'était le Père qu'on dénonçait. L'enfant se rapprocha, il voulait prévenir le missionnaire, lui dire de fuir, de se cacher. Un groupe de janissaires lui barra le passage.

Il voulut crier, sa voix expira dans sa gorge; les hommes de police se rapprochaient. Sournois, Bacri riait d'un mauvais rire.

« Père, Père ! » cria Abdallah.

Le missionnaire se retourna, surpris. Il croyait l'enfant bien loin. Il eut à peine le temps de dire un mot, de faire un geste; quatre policiers se jetaient sur lui, le bâillonnaient, le ligottaient et le transportaient dans un cachot de la Casbah.

« Misérable Bacri ! » murmura le petit Kabyle, tendant vers le juif son poing frémissant.

Mais l'infâme, tout entier à la joie de toucher le prix de la trahison, ne remarqua point la menace et s'éloigna plein de quiétude et d'allégresse. Personne ne saurait d'où venait la dénonciation.

De son côté, Abdallah réfléchit un instant, puis prompt comme l'éclair fendit la foule et prit sa course vers Bab-el-Oued.

II

LE DIVAN

Son Altesse Hussein-ben-Hassen, chef élu des janissaires et pacha-dey d'Alger, était ce jour-là de fort méchante humeur. Depuis l'heure matinale à laquelle le muezzin de la mosquée Djama-Kébir avait du haut de son minaret annoncé aux croyants le lever du soleil, des nouvelles fâcheuses n'avaient cessé d'accabler le maître de la régence.

C'était d'abord Zina, sa jument favorite, qu'on avait trouvée morte dans son écurie de marbre. Rien ne pouvait faire prévoir cet accident. La veille encore, Hussein avait monté le superbe animal pour se rendre à sa villa de Mustapha. Zina nerveuse, fringante, pleine de feu, avait provoqué l'admiration des pachas et des courtisans, et, ce qui avait été fort sensible au dey, le consul d'Angleterre lui-même, grand amateur de chevaux, avait déclaré n'avoir jamais rencontré une bête aussi parfaite. Et maintenant, sans qu'on eût pu deviner la raison, Zina gisait inerte, déjà froide.

Hussein avait donné l'ordre de pendre haut et court le chef des écuries et de bâtonner à mort les palefreniers spécialement attachés au service de la jument.

Cet acte de cruauté avait un peu calmé le dey, lorsqu'un serviteur noir entrant tout tremblant vint annoncer au maître que ses trois faucons favoris, offerts récemment par le sultan d'Ouargla, avaient pris la fuite. Vainement les esclaves préposés aux volières avaient-ils parcouru la ville et les jardins environnants, les faucons étaient restés introuvables. Une lueur sanglante passa dans les yeux du pacha. Il chercha un instant quel supplice il pourrait infliger à des serviteurs aussi négligents.

Incliné devant lui, se sentant perdu, le noir attendait impassible la décision du maître. Déjà les lèvres d'Hussein s'entr'ouvraient pour laisser passer les paroles de mort, quand un nouveau personnage entra dans la salle.

« Quelle nouvelle apportes-tu? s'écria vivement le dey, oubliant soudain la jument, les faucons, l'esclave noir et tout ce qui n'avait pas trait à sa préoccupation intime.

— Maître, répondit le nouvel arrivant, les envoyés du roi de France sont en route pour Alger. Peut-être sont-ils déjà en vue du port. Je tiens la nouvelle du consul anglais, que je précède au palais. Il veut te l'annoncer lui-même, bien que je lui aie affirmé devoir te rapporter la chose ce matin; sans doute il ne me connaît pas encore, et ne sait pas que ta bonté m'a confié les fonctions de secrétaire du divan en remplacement de Mohamed frappé par ta justice. »

Et le secrétaire s'inclinait profondément devant le farouche dispensateur des récompenses et des supplices.

« Ah! le consul d'Angleterre vient à la Casbah ce matin? murmura le dey. Par Allah! je suis ravi de le voir. Il faudra bien qu'il se décide à dire si, oui ou non, les Algériens peuvent compter sur l'appui de l'Angleterre contre la France.

— Va, Mourad, donne l'ordre que le consul soit introduit dès qu'il se présentera ; je veux lui parler avant la réunion du conseil. Au fait, ajouta le dey après avoir réfléchi un instant, pourquoi n'assisterait-il pas au conseil? Il n'aime guère les Français, et son avis pourra nous être utile. Va, Mourad.

« Que fais-tu là, misérable? ajouta-t-il furieux, se tournant vers l'esclave, qui, muet, avait assisté à toute cette scène. Sors de ma présence si tu ne veux pas que je te fasse dévorer par mes chiens. »

Le noir s'enfuit épouvanté.

Irrité et frémissant au souvenir des contrariétés qui avaient assombri son réveil, Hussein se rejeta sur les coussins et se prit à songer.

L'avenir lui semblait gros d'orages. Bien qu'en apparence le chef des Algériens eût une autorité absolue sur la régence, bien qu'il possédât des trésors immenses, des maisons, des villas, des palais, il se sentait en réalité faible et désarmé devant le pouvoir occulte des janissaires et de la milice. Tant que ses entreprises seraient couronnées de succès, tant que par le pillage des vaisseaux chrétiens il pourrait satisfaire la rapacité de ses sujets, son trône n'aurait rien à redouter. Mais si les revers se succédaient, si les puissances chrétiennes se décidaient à mettre un terme à la piraterie barbaresque, Hussein sentait bien que ses soldats tourneraient contre lui les armes qu'il leur avait confiées. Et une sueur froide lui montait au front, un tremblement nerveux agitait tout son être au souvenir de la mort tragique de ses prédécesseurs assassinés successivement par les janissaires auxquels ils devaient leur élection.

Malgré son fatalisme oriental, le pacha se révoltait à l'idée que la prophétie du marabout El-Hadj-Djilali serait réalisée par Hussein-ben-Hassen, c'est-à-dire par lui-même. Et ce n'était un secret pour aucun musulman de la régence que, d'après cette prophétie, Hussein, dernier dey d'Alger, serait le Maître de l'heure, c'est-à-dire ferait sonner l'heure à laquelle Allah permettrait aux infidèles de s'emparer du territoire des Algériens.

« Elle est mensongère cette prophétie, murmura soudain le pacha ; l'heure aurait dû sonner lorsqu'il y a deux ans j'ai frappé avec mon chasse-mouches le consul français. La France n'a pas tiré vengeance de l'insulte, et voilà qu'elle m'envoie des ambassadeurs pour demander la paix sans doute et faire cesser le blocus qui lui coûte plus cher qu'à nous. Et d'ailleurs, si El-Hadj-Djilali ne s'est pas trompé, il a voulu prophétiser assurément que je serais le dernier dey d'Alger parce que je serais le premier sultan des trois régences. Oui, c'est cela ! les janissaires me proclameront sultan. Pourquoi non ? Ils m'ont bien proclamé dey ! »

Et calme maintenant, Hussein-dey laissait son ardente et mobile imagination poursuivre des chimères de gloire et de vanité.

Un bruit de voix le tira de sa rêverie ; un esclave annonçait :

« Son Excellence le consul d'Angleterre, Sa Hautesse le ministre des affaires étrangères, Sa Hautesse le ministre de la guerre.

— Soyez les bienvenus, messieurs, dit le dey. J'allais

vous convoquer pour une séance extraordinaire du divan. Et puisque monsieur le consul britannique a bien voulu venir au palais ce matin, peut-être nous fera-t-il la grâce d'assister au conseil et de nous donner son avis sur la situation. Nous savons que des envoyés du roi de France sont en route pour Alger. Sans doute de graves décisions intéressant la régence, aussi bien que les États d'Europe, devront être prises incessamment. Il importe que le divan connaisse la manière de voir de Sa Majesté britannique, et monsieur le consul d'Angleterre, dont nous apprécions hautement les éminentes qualités, voudra bien être l'interprète de son gouvernement pour ce qui concerne les intérêts anglais dans la Méditerranée algérienne. »

Le consul d'Angleterre fit un signe d'acquiescement; mais sa figure soucieuse laissait deviner aux observateurs attentifs que les affaires ne s'arrangeraient point aussi facilement que pouvait le supposer le mobile et changeant Hussein-dey.

Dans le volumineux courrier, apporté la veille au consul par un navire anglais venu de Gibraltar et parvenu à Alger malgré la surveillance de la croisière française, se trouvait une longue lettre par laquelle le ministre des affaires étrangères d'Angleterre avisait son consul que la patience de la France était à bout; que si Hussein-dey se refusait à donner à notre pays toutes les satisfactions que réclamerait, au nom du roi Charles X, l'envoyé extraordinaire actuellement en route, le gouvernement de Sa Majesté très chrétienne n'hésiterait pas à envoyer contre Alger une armée puissante. Ce ne serait plus une démonstration, un bombardement, la ruine de la ville ou la capture de la flotte barbaresque que poursuivrait l'expédition française. Ce serait la destruction complète de la puissance algérienne, l'occupation militaire et l'annexion à la France de l'Afrique du Nord.

Des instructions précises accompagnaient ces renseignements émanés du cabinet même du premier ministre anglais. Le consul britannique à Alger devait user de toute son influence pour empêcher le dey de rompre définitivement avec la France. Il devait fournir au despote des arguments pour traîner les négociations en longueur; au besoin, Hussein-dey ferait quelques concessions, qu'il pourrait d'ailleurs retirer plus tard quand la bourrasque serait passée. Le consul était même autorisé à mettre une somme considérable à la disposition du trésor algérien, si des réparations en argent étaient exigées par la France.

En un mot, l'Angleterre voulait à tout prix empêcher la France de prendre pied en Afrique, d'étendre sa domination bienfaisante et civilisatrice sur l'autre rive de la Méditerranée, devenue par le succès de nos armes un lac français.

Mais les combinaisons cauteleuses de la Grande-Bretagne devaient échouer devant l'obstination stupide d'Hussein-pacha, devant la dignité et la fermeté de l'envoyé du roi de France.

« Le conseil de la régence est aux ordres de Son Altesse, annonça soudain Mourad-bey, secrétaire du Divan.

— Allons, messieurs! » fit Hussein, coupant court aux préoccupations qui envahissaient ses visiteurs.

Et, ouvrant la route, il prit le chemin de la salle du trône.

Les trompettes sonnèrent, la musique groupée dans les jardins du palais remplit les échos de la Casbah de sons discordants; la bannière du dey fut hissée sur la tour du Divan, et vingt coups de canon annoncèrent à la milice et au peuple la réunion du conseil suprême de la régence.

La salle du Divan, dans laquelle Hussein-dey présidait le conseil, était une immense galerie située entre le palais du pacha et les casernes des janissaires. Une cour assez vaste, pavée en marbre blanc, la précédait. Au centre, une fontaine alimentée par les sources des collines de Bab-el-Oued; sur les côtés, une double rangée d'arcades que soutenaient des colonnes de marbre blanc. Çà et là des palmiers, des orangers, des grenadiers aux couleurs éclatantes.

C'est dans cette cour que les consuls étrangers attendaient que le bon plaisir du pacha leur permît de pénétrer au Divan, et leur accordât une audience qui n'était la plupart du temps qu'une longue série d'insolences et d'avanies.

La salle du Divan était ornée de glaces de toutes les formes et de tous les pays. Des tapis de Smyrne, une pendule de Boule, un meuble en laque dans le tiroir duquel se trouvait un Coran, un calendrier turc et quelques boîtes de parfums constituaient en majeure partie l'ameublement de cette pièce. A la muraille, un baromètre anglais monté sur une table d'acajou.

L'une des extrémités de la galerie était occupée par une banquette recouverte de drap écarlate; c'est là que le dey se plaçait, appuyé sur des coussins de pourpre, pour rendre la justice ou donner ses audiences.

Derrière le trône, et mi-masquée par une tenture, une porte de fer conduisait au trésor, dans lequel, depuis le règne précédent, s'accumulaient le produit des impôts, des razzias, des pirateries et des pillages, et, il faut bien le dire à la honte de l'Europe, les redevances payées par certaines nations chrétiennes pour obtenir la permission de naviguer dans les eaux méditerranéennes.

D'habitude, aucun personnage, si illustre fût-il, ne s'asseyait en présence du dey. Seul, Hussein prenait place sur les coussins. Mais les circonstances présentes étaient si graves, la nécessité de se concilier la bienveillance de l'Angleterre si évidente, que le chef de la régence prescrivit d'apporter au consul britannique un siège européen enlevé dans une récente expédition. Tous les autres membres du Divan se tenaient debout, soumis et respectueux, devant leur terrible maître.

Sur l'invitation du souverain, le consul britannique résuma les dernières nouvelles arrivées d'Europe. Il fit ressortir le danger de s'aliéner sans recours l'amitié ou la neutralité de la France et la nécessité d'adopter vis-à-vis de cette grande nation une attitude plus conciliante.

« Votre Altesse, déclara-t-il, sait combien le gouvernement de Sa Majesté britannique a pesé sur les divers gouvernements de l'Europe, pour empêcher que son Altesse le vice-roi d'Égypte intervînt dans les régences du nord de l'Afrique. Je suis autorisé à déclarer à Votre Altesse que Sa Majesté le sultan avait acquiescé au projet de remettre au vice-roi Méhémet-Ali le gouvernement d'Alger, de Tunis et de Tripoli, à seule charge de détruire la piraterie et d'abolir l'esclavage des chrétiens. L'empereur de Russie, l'empereur d'Autriche et le roi de Prusse, Sa Majesté le roi d'Espagne avaient acquiescé à ce plan; seul, mon gouvernement a protesté et empêché la mise à exécution d'un projet qui détruisait la régence algérienne ainsi que le gouvernement de Votre Altesse. Mais le premier ministre de Sa Majesté britannique me fait savoir qu'il ne lui est pas possible d'aller plus loin dans cette voie. Le seul concours sur lequel puisse compter Votre Altesse est un concours pécuniaire ; il peut aller jusqu'à un million de livres sterling ; s'engager davantage, fournir à la Régence des hommes ou des navires, serait risquer une guerre entre l'Angleterre et la France, éventualité que mon gouvernement ne veut même pas envisager en ce moment. Je me permettrai donc de conseiller à Votre Altesse une attitude pleine de modération à l'égard de l'envoyé de France, et le maximum de concessions qu'elle pourra accorder sans porter atteinte à la dignité du trône. Plus tard, les circonstances permettront sans doute à Votre Altesse de revenir sur les concessions qu'elle jugerait exagérées, et elle peut compter, en cette circonstance éventuelle, sur toute l'amitié et la bienveillance du gouvernement anglais. »

Un murmure de désappointement, aussitôt réprimé par un regard sévère du dey, accueillit le discours du consul d'Angleterre. Tous les assistants avaient compté sur l'appui effectif de la nation britannique. Les souvenirs de la guerre implacable faite à la France, quinze années auparavant, par l'Angleterre hantaient encore l'imagination des hauts dignitaires de la régence. Tous avaient espéré que jamais le gouvernement anglais ne permettrait aux Français de parler en maîtres dans la Méditerranée. Et voilà que cet espoir s'évanouissait !

La désillusion était cruelle.

Pourtant Hussein sut conserver son impassibilité. En quelques phrases pleines de courtoisie, il remercia le

Le visage du dey était hideux à voir.

consul de ses renseignements et de ses offres et, d'un geste non dépourvu de grandeur, lui fit comprendre que l'audience était terminée.

La délibération secrète allait commencer.

Le temps pressait d'ailleurs. Depuis plus d'une heure, les salves d'artillerie annonçant l'entrée au port des navires étrangers avaient ébranlé les voûtes de la Casbah. Les ambassadeurs de France devaient être arrivés. Dans peu d'instants, sans doute, il faudrait répondre à leurs réclamations. Et, précisément, un secrétaire du dey venait de lui remettre à la dérobée un pli qu'Hussein froissait nerveusement, ne voulant pas en prendre connaissance avant le départ du consul.

Mourad reconduisit le fonctionnaire britannique jusqu'à l'entrée de la galerie, le remit aux mains des interprètes et de l'escorte et rentra au Divan.

« Allah nous vient en aide ! lui cria, dès qu'il l'aperçut, Hussein-dey, que son masque d'urbanité et de majesté abandonnait sitôt que le pacha ne se trouvait plus en présence d'Européens. Ce chien d'Anglais a peut-être raison. Il sera nécessaire de parlementer avec les Français. Mais il faudrait d'abord savoir exactement ce qu'ils veulent, et s'ils ont réellement l'intention de mettre leurs menaces à exécution. Et, précisément, voici un rapport de police qui m'annonce que le juif Bacri, — ici le pacha cracha avec mépris, — nous a livré le Père André, ce marabout chrétien que nous cherchons depuis si longtemps. C'est lui que je vais envoyer à l'ambassadeur de France. Il saura les projets de nos ennemis, et me les rapportera pour que je puisse me régler sur eux. Va donc, Mourad mon fils, jusqu'à la prison d'El-Biar et me ramène le Père André. »

Mourad obéit.

La discussion reprit confuse et tumultueuse, cependant qu'un vieux renégat, le chef de l'artillerie turque, murmurait à l'oreille du ministre de la guerre :

« Jamais le Père André ne fera ce qu'attend de lui le pacha. »

Lorsque le missionnaire pénétra dans la salle du Divan, il sembla aux assistants qu'un rayon de soleil plus pur, plus éclatant, illuminait la salle.

Le beau visage du prêtre paraissait transfiguré ; ses yeux profonds et intelligents se portèrent successivement sur tous les membres du Divan et s'arrêtèrent sur la face sanguinaire du dey. Tout dans l'attitude du Père, sa longue barbe, son blanc vêtement arabe drapant un corps majestueux, ses bras chargés de chaînes, eussent évoqué, chez des chrétiens, le souvenir du divin Maître comparaissant devant Pilate.

Mais les musulmans dont se composait le conseil ignoraient Jésus ; seul, le renégat eut comme une vision lointaine du Dieu qu'il avait trahi par cupidité, et, farouche et décontenancé, il baissa les yeux.

Hussein-dey examinait avec curiosité ce prisonnier qui ne tremblait point devant lui.

« Sais-tu, dit-il soudain, qu'au sortir de cette salle je puis te faire torturer et trancher la tête ?

— Mon corps est entre tes mains, répondit le missionnaire. Fais-en ce que tu voudras. Mais mon âme n'appartient qu'à Dieu, le maître des chrétiens et des musulmans, le Dieu qui te jugera un jour. »

Les assistants se regardèrent, regardèrent le dey ; un prompt arrêt de mort allait sans doute châtier cette réponse orgueilleuse. Mourad esquissait un mouvement comme pour aller chercher le bourreau. Un geste du maître l'arrêta.

« Qu'on détache ses liens, » ordonna Hussein.

Un garde s'avança et enleva les chaînes.

« Tu es libre, dit le dey au missionnaire. Mais si je te fais grâce de la vie, j'attends de toi un service en échange.

— Si ma conscience me le permet, riposta le Père André, j'y consens, bien que je n'aie jamais mérité le châtiment dont tu me fais remise.

— Écoute, continua Hussein sans paraître remarquer la réponse du prêtre. Les envoyés français sont ici, à deux pas, dans la maison du consul de Sardaigne. Tu iras les trouver. En ta qualité de Français ils te recevront bien, te feront part de leurs projets et de leurs plans. Tu viendras ici me rapporter tout ce qu'ils t'auront dit et tout ce que tu auras vu. Si tu me sers fidèlement dans cette circonstance, je te donnerai mille livres turques. J'ai dit. Va et ne tarde pas à revenir. »

La stupeur et l'effroi s'emparèrent des assistants en entendant soudain le Père André prononcer d'une voix nette, vibrante et décidée, ces deux seuls mots :

« Je refuse. »

Le dey se souleva à demi, croyant avoir mal compris.

« Quoi ? dit-il frémissant de colère.

— Je refuse, répéta le missionnaire. Tu me demandes un acte déshonorant. Je suis Français, chrétien et prêtre, et tu voudrais que j'aille espionner ceux de ma race et de ma religion ; tu voudrais que je profite de la confiance et de l'amitié qu'ils me témoigneront pour surprendre leurs secrets et te les rapporter. Tu devrais mieux connaître les Français, Hussein. Tu en as cependant massacré suffisamment pour savoir qu'ils meurent, mais ne trahissent pas. Fais-moi périr si tu veux. Je refuse! »

Le visage du dey était hideux à voir.

La fureur, la déconvenue, la rage crispaient ses traits. D'un geste machinal il avait porté la main au cimeterre pour punir lui-même l'audacieux qui le bravait. Une idée sinistre lui traversa l'esprit et suspendit sa vengeance. Il se calma soudain.

« Eh bien, dit-il, puisque tu méprises mon pardon, tu mourras; et puisque tu aimes tant les Français, je leur enverrai ton cadavre. Tu périras comme ont péri, sous mon prédécesseur, le Père Le Vacher et les quarante Français. Toi et les chrétiens prisonniers serez attachés à la bouche des canons de la batterie du port. Les salves annonçant le départ des navires francs seront le signal de votre mort à tous. Va, chien! va, maudit! »

Et le dey, écumant, leva la séance et regagna son palais accompagné des pachas.

Aucune décision n'avait été prise. Quant au missionnaire, les janissaires le reconduisirent en prison sans même prendre la peine de lui remettre ses fers. La Casbah d'ailleurs était pleine de soldats et toute évasion jugée impossible.

En franchissant la cour intérieure, le Père André, malgré la gravité de sa situation, ne put réprimer un sourire. Un groupe de janissaires s'était emparé d'un juif fourvoyé par mégarde dans la Casbah et s'amusait à le berner dans une couverture de soldat. Le malheureux poussait des cris lamentables, qui semblaient beaucoup amuser ses bourreaux et leur donner de nouvelles forces. Lancé comme un volant à plusieurs mètres de hauteur, il exécutait dans l'espace les bonds les plus bizarres et dans un jargon incompréhensible maudissait l'idée qu'il avait eue de pénétrer chez le pacha. Enfin les soldats se lassèrent : ils déposèrent rudement le juif à terre, et avec force bourrades lui intimèrent l'ordre de sortir du palais. A demi mort de peur, l'homme se dirigea vers la porte et passa près du missionnaire.

« Bacri ! s'écria celui-ci en reconnaissant le juif. Ah ! je sais maintenant pourquoi j'ai été arrêté. Abdallah avait raison. Pauvre Abdallah ! »

Au souvenir de l'enfant et de la famille chrétienne le missionnaire poussa un soupir.

Puis il suivit d'un pas assuré ses gardiens.

Tandis que les lourds verroux se refermaient sur lui, au dehors, devant la Casbah, Bacri se lamentait non des outrages, non des sarcasmes des soldats, non des coups si généreusement distribués, mais de n'avoir pu toucher le prix de son infâme délation.

III

LE RAPPORT AU ROI

« Sapristi, mon cher Bianchi, comme vous écrivez lentement! dit moitié riant moitié sérieux le commandant de la Bretonnière, qui depuis deux longues heures dictait à ses compagnons d'ambassade le rapport destiné au roi de France. Pourtant vous êtes un professionnel, monsieur le secrétaire interprète, tandis que cet excellent Nerciat est, je suppose, plus habitué à manier le porte-voix que le porte-plume.

— C'est vrai, monsieur le comte, riposta sur un ton de respectueuse familiarité le secrétaire Bianchi. Mais aussi voyez quelle calligraphie! Je serais au désespoir d'incriminer l'écriture de M. le capitaine de Nerciat; je crains bien toutefois que sa copie ne le fasse envoyer à tous les diables par ces messieurs des affaires étrangères.

— Dites donc, Bianchi, vous cherchez une affaire, grommela M. de Nerciat, qu'un fort mauvais dîner offert par le consul de Sardaigne avait laissé de très méchante humeur.

— Allons, allons, messieurs, vous n'allez point en venir aux mains pour vos respectives pattes de mouches, reprit le comte. Je vais dicter moins rapidement, voilà tout;

chacun y mettra du sien. M. Bianchi écrira moins bien et plus vite, M. de Nerciat plus lentement et mieux. Tout le monde y trouvera son compte, vous et moi d'abord, puis ces messieurs des affaires étrangères, et enfin, chose importante, M. de Polignac et Sa Majesté Charles X en personne. Car, vous ne l'ignorez pas, le rapport dont vous faites en ce moment une double expédition va être transmis d'urgence à Paris. M. le comte d'Attili, notre hôte, m'a promis de tenir jusqu'à minuit une embarcation armée à notre disposition. Il n'est guère plus de dix heures. Nous avons encore deux heures devant nous. Dans une demi-heure, si vous le voulez bien, le courrier sera prêt. M. Bianchi, accompagné de deux hommes sûrs, se rendra au port. La baleinière du consul le conduira à l'*Alerte*, qui, d'après mes ordres, doit appareiller à minuit. Les vents soufflent du sud, nous pouvons donc espérer que l'*Alerte* ralliera l'escadre d'investissement demain matin à l'aube. J'adresse au commandant de l'escadre des instructions formelles pour que son aviso le plus rapide parte pour Toulon sitôt mes dépêches reçues. Quant à nous, nous attendrons jusqu'à demain dix heures la réponse définitive du dey; et après, à la grâce de Dieu. »

C'est ainsi que, oublieux des dangers qui les menaçaient, s'entretenaient dans la nuit du 2 au 3 août 1829 l'envoyé de France, M. de la Bretonnière, et ses deux compagnons, le capitaine de Nerciat et l'interprète Bianchi, que nous avons vus débarquant l'avant-veille du vaisseau-amiral *la Provence*.

La mission avait accepté l'hospitalité du consul de Sardaigne. Le comte d'Attili, assez bien en cour auprès d'Hussein, avait accompagné les envoyés de Charles X chez les ministres algériens et chez le dey. Il avait joint ses représentations aux leurs pour obtenir du pacha une légitime satisfaction et le redressement des griefs de notre pays; mais il n'avait pu que constater le mauvais vouloir d'Hussein et de ses conseillers.

D'ailleurs, un long séjour à la cour d'Alger lui avait fait connaître l'esprit de ruse et la duplicité du Divan; au sortir de l'audience, M. d'Attili n'avait point caché aux envoyés français qu'il considérait une solution pacifique comme désormais impossible. M. de la Bretonnière cependant ne voulait point abandonner tout espoir d'arrangement, et sitôt rentré au consulat de Sardaigne il avait fait savoir à la Casbah que la mission française ne reprendrait la mer que le lendemain 3 août, à dix heures du matin. C'était le dernier espoir de salut laissé au chef des Algériens. Il dédaigna d'en profiter. Les jours de la Régence étaient désormais comptés.

D'un autre côté, avisé par des émissaires dévoués que le départ des navires français serait le signal du massacre des chrétiens de notre nation, le consul de Sardaigne, d'accord avec l'envoyé de Charles X, avait fait prévenir nos compatriotes d'avoir à gagner la plage à la faveur de la nuit. Les embarcations de la *Provence* et de l'*Alerte* avaient ordre de recueillir à leur bord les fugitifs et de les conduire au vaisseau-amiral, dont les feux resplendissaient en rade.

Fidèle à sa promesse, M. de la Bretonnière attendrait jusqu'à la dernière minute la réponse d'Hussein-dey et regagnerait son bord sur une embarcation du port couverte du drapeau parlementaire.

« Voilà qui est fait, dirent simultanément M. Bianchi et M. de Nerciat.

— Sans rancune, ajouta ce dernier, tendant la main au secrétaire.

— Alors, messieurs, je relis, » interrompit le comte de la Bretonnière.

Et l'ambassadeur lut à haute voix le rapport qu'il adressait au roi de France.

Voici en quels termes le comte de la Bretonnière rendait compte de sa mission.

Deux expéditions, l'une pour Sa Majesté (ordre exprès du roi).

« Alger, le 2 août 1829, 10 heures 30 du soir.

« Le capitaine de vaisseau comte de la Bretonnière, envoyé extraordinaire de Sa Majesté le roi de France, à M. le président du Conseil, ministre des affaires étrangères. Paris.

« Monsieur le ministre,

« J'ai l'honneur de rendre compte à Votre Excellence des divers incidents qui ont signalé la mission que Sa Majesté a daigné me confier auprès de Son Altesse le dey d'Alger.

« Conformément aux ordres confidentiels reçus le 25 juillet à huit heures du soir, j'ai remis le commandement de l'escadre de blocus au commandant en second, capitaine de vaisseau Rosamel, et, escorté du brick *Alerte*, ai fait voile sur le vaisseau du roi *la Provence* vers Alger.

« Le 30 juillet, nous étions en rade de cette ville, ayant hissé au grand mât le pavillon parlementaire.

« Un bataillon de janissaires, rangé sur la Marine et

dans les rues voisines du port, contenait une foule notoirement hostile.

« M. le comte d'Attili, consul de Sardaigne, nous attendait; il nous offrit généreusement l'hospitalité. L'attitude de ce fonctionnaire est d'autant plus digne d'éloges, que l'irritation des Algériens contre les Français s'étendra fatalement à tous ceux qui témoignent de la bienveillance à nos compatriotes, et M. le comte d'Attili ne dispose d'aucune garde pour assurer sa sécurité. Je signale tout particulièrement la conduite noble et courageuse du consul sarde à la bienveillante attention de Sa Majesté.

« Ne connaissant point les intentions de Son Altesse le dey, j'ai réduit au strict indispensable le personnel de la mission. Trois officiers seulement ont débarqué à Alger, M. le comte de Nerciat, capitaine de frégate, commandant le brick *l'Alerte*, M. Bianchi, secrétaire interprète, et moi.

« M. d'Attili nous a conduits immédiatement chez le ministre de la marine. Une forte escorte de janissaires protégeait notre marche à travers les rues sinueuses et escarpées de la ville. Parfois des cris de mort venaient frapper nos oreilles. Personne de nous n'a songé à s'en apercevoir.

« Le ministre de la marine s'est maintenu dans des généralités. Il ne pouvait rien dire ni faire, affirma-t-il, sans l'ordre de Son Altesse le dey.

« J'ai insisté pour voir immédiatement Hussein. Je n'ai pu obtenir d'audience que pour le lendemain 31.

« Le dey nous a accueillis froidement, mais avec politesse. Je lui ai exposé l'objet de notre mission.

« Conformément aux instructions de Votre Excellence, j'ai énuméré à Son Altesse tous les griefs de la France à l'égard de la Régence algérienne, l'outrage fait à M. Deval en 1827, la destruction des comptoirs français de la Calle et de tous nos établissements du beylicat de Constantine, la mise à mort de plusieurs de nos compatriotes, l'emprisonnement de beaucoup d'autres, le pillage enfin d'un grand nombre de nos navires de commerce.

« Son Altesse a écouté sans mot dire mes réclamations, et a demandé vingt-quatre heures de réflexion.

« Le 2 août, c'est-à-dire aujourd'hui, j'ai eu une seconde entrevue avec Hussein-dey. Elle a duré trois heures. J'ai renouvelé mes arguments. Mais exhortations, conseils, menaces même, tout a été inutile. Son Altesse semble aveuglée. Elle ne veut céder sur aucun point. Bien au contraire, Hussein m'a déclaré que, se trouvant lui-même offensé, il entendait non faire des excuses, mais en recevoir. Si la France désire la paix, m'a-t-il dit, je suis prêt à la signer, mais à condition qu'on me rendra sans retard les deux millions de francs qui me sont dus et qu'on m'indemnisera des pertes occasionnées à la Régence par la longueur du blocus.

« En présence de prétentions aussi folles, je n'ai point cru conforme à la dignité de la France de continuer l'entretien. Je me suis retiré, déclarant à Son Altesse que j'attendrais jusqu'au lendemain dix heures du matin une réponse définitive, après quoi je rallierais l'escadre de blocus, laissant au dey d'Alger la responsabilité de la rupture. Son Altesse a souri, comme si cette éventualité ne l'effrayait point.

« A l'heure où j'écris ces lignes, tous les Français résidant à Alger ont été prévenus d'avoir à gagner la côte, d'où nos embarcations les transporteront à bord. On a tout à craindre, en effet, de la cruauté et du fanatisme des Algériens.

« D'après des bruits recueillis par les gens du consul de Sardaigne, plusieurs de nos malheureux compatriotes ont été emprisonnés à la Casbah. M. d'Attili fera l'impossible pour secourir ces pauvres gens et les arracher à une mort cruelle. Puisse-t-il y réussir!

« Puisque Votre Excellence me fait l'honneur de me demander mon opinion personnelle sur la situation, je ne crois point être loin de la vérité en affirmant que toute négociation amicale est inutile avec les Algériens; que ce peuple est resté, comme il s'intitulait au siècle dernier, une bande de brigands dont le dey est le chef, et que seule la force de nos armes pourra fermer à tout jamais ces repaires, délivrer les chrétiens, abolir l'esclavage et rendre la paix à ce beau pays. Cette espérance seule me consolera d'avoir échoué dans la mission pacifique que Votre Excellence m'a confiée. Désormais la parole doit être au canon.

« Je suis, avec le plus profond respect, de Votre Excellence le très obéissant serviteur,

« Comte DE LA BRETONNIÈRE,

« Capitaine du vaisseau de Sa Majesté *la Provence*, commandant l'escadre de blocus et envoyé extraordinaire du roi de France. »

« Votre plume, je vous prie, Bianchi, » dit en terminant le comte de la Bretonnière.

Et, prenant les deux exemplaires du rapport, l'ambassadeur signa d'une main ferme.

« Onze heures déjà. Vite, Bianchi, la cire, le sceau. »

Quelques minutes plus tard, le secrétaire, escorté de deux hommes sûrs, gagnait le port.

Une barque attendait dans l'ombre.

« Hâtons-nous, » fit une voix.

M. Bianchi fit un mouvement de surprise.

« Vous, monsieur le comte! dit-il, sautant dans l'embarcation et s'adressant au personnage qui tenait la barre.

— Oui, c'est moi, murmura le comte d'Attili. Vos compagnons sont en sûreté au consulat. Mais vous-même courez quelque danger en ce moment. Aussi, comme mon honneur répond de vous vis-à-vis de votre nation, j'ai voulu vous conduire moi-même à l'*Alerte* et vous ramener au consulat, votre mission terminée. Allons, nagez, vous autres, » continua-t-il, s'adressant aux rameurs.

Les avirons plongèrent dans la mer, la barque s'élança comme une flèche.

L'interprète français serra respectueusement la main que lui tendait le consul de Sardaigne et prit place à ses côtés.

La nuit était sombre; des nuages de plomb s'amoncelaient au-dessus du port. Un vent brûlant soufflait par rafales, secouant la frêle embarcation.

Dans le lointain, par delà les collines du Sahel, on entendait le grondement sourd du tonnerre annonçant la tempête.

L'embarcation piquait droit sur les fanaux du navire français.

« Qui vive! cria la sentinelle de garde à la coupée.

— France, » répondit l'interprète.

Puis rapidement :

« Appelez l'officier de quart. Nous n'avons pas le mot.

Nous venons de la part du commandant de la Bretonnière. »

L'instant d'après, l'officier de quart et tout l'état-major de l'*Alerte* accouraient aux nouvelles.

« Rien de fâcheux, Bianchi, n'est-ce pas? firent-ils tous d'une voix. Le commandant? le capitaine?

— Non, non, rien de fâcheux; mais d'abord les choses sérieuses. Mon reçu, je vous prie, commandant, dit-il, s'adressant à l'officier commandant le brick en l'absence de M. de Nerciat et lui tendant les dépêches. Messieurs, ajouta-t-il, je vous présente M. le comte d'Attili, consul de Sardaigne. C'est à lui que nous devons de remplir jusqu'au bout notre mission et de ne point laisser quelque chose de notre personne entre les griffes de ces moricauds d'Algériens. »

Et tandis que les officiers entouraient le consul et le conduisaient au carré, M. Bianchi suivit dans sa cabine le commandant du navire.

« Fort bien, fort bien, murmurait ce dernier en prenant connaissance du pli qui lui était destiné. Mettre à la voile sur l'heure et porter le pli ci-joint au capitaine Rosamel, qui l'enverra à Toulon par un aviso; parfait! Nous aurons tout à l'heure un petit vent en poupe qui nous conduira rapidement à l'escadre. Pour revenir, c'est autre chose. Enfin, l'ordre dit de revenir. Ma foi, nous ferons le possible et même l'impossible. Bianchi, voici votre reçu. Dites au commandant que ses ordres seront exécutés. Dites-lui aussi que tout va bien à bord et que ses officiers et ses matelots font des vœux pour qu'il revienne rapidement sain et sauf. D'ailleurs, s'il lui arrive quelque chose, ajouta-t-il plus bas comme se parlant à lui-même, je brûle sa bicoque à cet Hussein. Les soutes sont pleines et nous avons les meilleurs pointeurs de l'escadre. »

Tous deux remontèrent au carré. Les officiers portaient la santé du roi de France et du roi de Sardaigne.

« Alerte, messieurs, branle-bas de départ, » dit le commandant.

Les enseignes s'élancèrent sur le pont. Des coups de sifflet retentirent. Les chaînes grincèrent dans l'écubier. Les hommes de quart relevaient les ancres.

Les adieux furent courts; le temps pressait. Toutes les mains se tendaient vers le comte d'Attili et vers l'interprète qui reprenaient leur barque.

« Au revoir, à Paris.

— Non, messieurs, à Alger, quand vous y rentrerez en maîtres, » répondit le consul.

Déjà l'*Alerte* s'ébranlait; le vent du sud enflait ses voiles; semblable à un gigantesque oiseau prêt à prendre son essor, il se courbait sur la mer houleuse. On percevait les craquements de la mâture; les cordages se tendaient. Soudain une rafale le prit en poupe et le jeta hors de la passe. L'orage éclatait. Un éclair blafard zébra l'horizon. A sa lueur indécise, les passagers de la barque aperçurent encore les silhouettes confuses de l'équipage qui leur faisait des gestes d'adieu.

« Et maintenant retournons dans la gueule du loup, dit philosophiquement le consul de Sardaigne; messieurs mes hôtes doivent s'inquiéter de mon absence. Allons à terre rapidement, où nous serons trempés. »

Effectivement de larges gouttes commençaient à tomber. Lorsque, malgré le vent contraire, l'embarcation accosta le môle, une pluie diluvienne inondait la ville; les ruelles de la Casbah, transformées en torrents, étaient désertes.

Le comte et son compagnon purent regagner le consulat sans avoir été remarqués. Les policiers du dey s'étaient mis à l'abri sous les arcades du palais. D'ailleurs, en l'absence d'ordres formels, nul n'aurait osé toucher à la personne du consul sarde, et momentanément du moins ses hôtes les Français partageaient son immunité.

« Vous violez la neutralité, » dit en riant le comte de la Bretonnière au consul lorsque celui-ci, ruisselant d'eau, eut réintégré son domicile.

Le chancelier du consulat venait de raconter à l'officier français la courageuse équipée de son chef.

« Bah ! à charge de revanche, répondit M. d'Attili, serrant la main que lui tendait son hôte. Quand la Sardaigne fera la guerre au dey, vous vous chargerez de mon courrier. »

En quelques mots, M. Bianchi rendit compte de sa mission. Les ordres du commandant seraient fidèlement exécutés.

Il pouvait être deux heures du matin. Les derniers échos de l'orage mourant se répercutaient dans les gorges de Mustapha. La pluie tombait encore, mais moins rapide, moins abondante. A l'orient, une lueur indécise semblait annoncer le retour du jour.

Les Français prirent congé de leur hôte et allèrent goûter quelques heures de repos. Il leur fallait réparer leurs forces pour la journée qui commençait. Et, dans l'esprit des ambassadeurs comme dans celui du consul, cette journée devait être décisive.

IV

L'ÉVASION

Haletant, à bout de forces, Abdallah se laissa choir contre la porte entr'ouverte de la maisonnette de Bab-el-Oued.

« Père ! » cria-t-il défaillant.

Un regard suppliant de Salem arrêta les mots dans la gorge de l'enfant. Le spectacle qui s'offrait à sa vue n'était d'ailleurs pas fait pour l'encourager à parler. La pauvre maison semblait mise au pillage : les quelques ustensiles de ménage étaient brisés ; les nattes, les coussins sur lesquels la famille prenait son repos avaient été empilés dans un angle de la chambre. Les murailles blanchies à la chaux présentaient des ouvertures béantes, comme si on eût voulu les éventrer ; la seconde pièce, où Salem plaçait ses outils de jardinage et les produits de l'enclos, était à l'avenant. Les légumes destinés à la vente du lendemain gisaient à terre écrasés, perdus. Sur le seuil, les enfants, la femme de Salem, pleuraient silencieusement, tandis que le maître de la maison, farouche, contemplait cette ruine.

La police du dey avait passé par là. Et, pour que le

doute ne fût pas possible, des hommes à figure patibulaire et un janissaire en tenue militaire semblaient attendre quelqu'un.

L'enfant avait compris la muette supplication de Salem :

« Père, dit-il d'une voix qu'il s'efforçait de rendre naturelle, je viens du port ; j'ai vu entrer les navires des roumis. Il y avait sur la Marine des milliers de soldats ; presque toute la garde du dey était là, avec la musique, les flûtes, les tambours et les fifres. On a tiré le canon des batteries ; mais tu as dû l'entendre d'ici. Ensuite, le ministre de la marine et les pachas ont conduit les roumis à la Casbah. Alors j'ai couru et me voilà. »

Les policiers avaient écouté avec intérêt le récit de l'enfant. Sans doute espéraient-ils qu'un mot, un geste, les mettrait sur la trace de celui qu'ils cherchaient.

Car, on l'a bien compris, c'était au Père André que l'on en voulait, à ce marabout chrétien dont le prestige et l'autorité étaient si grands dans la population pauvre des faubourgs d'Alger. Mais Abdallah était fin. Et bien que le Père eût été entraîné par la police et conduit à la Casbah, l'enfant ne voulait point faire connaître aux agents du pacha qu'il avait passé la matinée avec le missionnaire. Peut-être, en effet, voudraient-ils l'arrêter lui-même, arrêter Salem ; et alors que deviendrait le Père, qui comptait sans doute sur ses amis pour sortir de prison ?

Rogues et désappointés, les policiers sortirent de la maison.

« Prends garde à toi, Salem, prends bien garde, » dit en guise d'adieu celui qui semblait leur chef.

Le Kabyle ne répondit rien ; mais à peine la porte fut-elle refermée :

« Vite, Abdallah, vite, murmura-t-il à l'enfant. Passe par le jardin et vois s'ils ne s'arrêtent pas à quelque distance pour nous surveiller et arrêter le Père quand il rentrera.

— Le Père ne rentrera pas, répondit Abdallah, éclatant en sanglots. Ils l'ont arrêté tout à l'heure. Ils l'ont porté à la Casbah ; c'est Bacri qui l'a dénoncé, et je venais t'avertir.

— Bacri ! le misérable, le fils de chien ! »

Et les yeux de Salem se portaient vers un long fusil suspendu à la muraille, tandis que sa main cherchait fiévreusement le manche de son grand couteau.

« Reste ici, alors, enfant. Je vais aller moi-même aux nouvelles. Tant qu'il fait jour, nous ne pouvons rien faire; mais dès qu'il fera nuit, nous tâcherons de délivrer le Père. »

Et Salem s'éloigna dans la direction de la ville, tandis que sa femme et ses enfants cherchaient à réparer le désordre de la maisonnette.

Il y avait bien des années déjà que la famille de Salem-ben-Kaddour connaissait le missionnaire. Celui-ci, débarqué depuis peu à Alger, passait un jour dans une ruelle du faubourg Bab-el-Oued. Des cris de colère, des pleurs, des menaces et des supplications attirèrent son attention. Il s'approcha d'un groupe d'où partait le tapage, et s'enquit de ce qui le motivait.

« C'est Salem, lui fut-il répondu, qui ne veut pas sortir de chez lui. Il n'a pas payé l'impôt, et le cadi a jugé que sa maison devait être vendue. Et pour sûr on va le mettre en prison, puisqu'il désobéit au cadi. »

Le Père André tenait de la charité des chrétiens établis

à Alger, et notamment du consul de France, des sommes relativement considérables destinées à ses aumônes. Or, la dette de Salem se montait à peine à quelques douros.

« Calme-toi, dit le missionnaire au Kabyle. Je vais payer pour toi. Tu garderas ta maison et ton jardin. Mais, comme beaucoup de tes frères sont encore plus pauvres que toi, tu me rembourseras plus tard pour eux l'argent que je te prête sans aucun intérêt. »

Sauvé de la misère et du désespoir, Salem avait conçu pour son bienfaiteur une reconnaissance ardente et farouche et un dévouement sans limites.

Le Père André, devenu un familier de la maison de Bab-el-Oued, avait peu à peu fait pénétrer la foi chrétienne dans le cœur de son hôte, et le jour de Noël de l'année précédente Salem-ben-Kaddour, Abdallah, son fils, et Messaouda, sa fille aînée, avaient reçu le baptême dans une chambre du consulat de Sardaigne, transformée en chapelle. Les autres membres de la famille, Suleimah, la mère d'Abdallah, et trois autres enfants, n'étaient pas encore suffisamment instruits dans notre religion pour devenir chrétiens ; mais, sur les instances de Salem, le missionnaire devait administrer le sacrement aux autres membres de la famille le jour anniversaire du baptême du père, c'est-à-dire aux prochaines fêtes de Noël.

On comprendra, d'après ce qui précède, la douleur, la colère et l'indignation de la famille kabyle, lorsque, après le départ des policiers, Abdallah eut raconté l'odieuse délation de Bacri et l'arrestation de leur bienfaiteur à tous.

Cependant Salem se dirigeait lentement vers la ville. Devant lui, à deux portées de fusil à peine, les agents de police du dey et le janissaire regagnaient la Casbah. Sans doute, ils avaient jugé inutile de surveiller plus longtemps la maison de Bab-el-Oued, ou bien se proposaient-ils de revenir à la tombée de la nuit, lorsque après ses courses le Père André irait prendre un peu de repos. Soudain le groupe s'arrêta, les policiers se concertèrent un instant. Salem s'était jeté rapidement hors du chemin et, caché derrière une épaisse haie de figuiers de Barbarie, ne perdait pas un mouvement des agents du pacha. Ceux-ci s'étaient retournés; l'un d'eux désignait de la main la demeure de Salem. Après avoir échangé quelques mots, le groupe se disloqua : tandis que le janissaire continuait son chemin vers la ville, ses compagnons s'embusquaient derrière des levées de terre, de chaque côté de la route ou, pour être plus exact, de chaque côté de la piste défoncée et caillouteuse qui, sous la négligente administration des Turcs, reliait Bab-el-Oued à la capitale de la régence.

Salem riait dans sa barbe de jais. Son plan venait de s'arrêter dans sa tête. Il se réjouissait de la déconvenue des policiers, qui, ignorant l'arrestation du prêtre français, allaient passer toute la nuit à l'attendre, tandis que, Salem n'en doutait pas, le Père André, sorti de prison grâce aux efforts de ses amis, gagnerait un lieu sûr, un consulat européen par exemple, ou même un vaisseau étranger ancré dans la rade.

Il était, avant tout, indispensable de connaître le lieu dans lequel on avait enfermé le prêtre. A la Casbah assurément. C'était donc de ce côté que se dirigerait Salem; mais il fallait auparavant prévenir Abdallah. Le Kabyle jeta un coup d'œil autour de lui. Tout était tranquille; au loin sur le chemin, les agents de police, paresseusement étendus sur l'herbe desséchée, concentraient leur attention sur la partie de la route conduisant à Alger. Seul ce côté leur semblait intéressant, puisque leur victime ne pouvait que déboucher de la ville.

Alors se courbant, rampant, profitant habilement des touffes d'arbres, des orangers, des figuiers et des cactus disséminés dans la campagne, Salem reprit le chemin de sa maison. Il la contourna et vint se blottir au pied de la fenêtre donnant sur le jardin.

« Abdallah, fit-il à voix basse, Abdallah ! »

L'enfant mit la tête à la fenêtre.

« Prends deux couteaux et viens, continua Salem sans changer de position. Sors de la maison et ne te fais pas voir, et rejoins-moi devant la Casbah. Ne suis point le chemin de la ville, les hommes du pacha y sont embusqués et pourraient t'arrêter. Glisse-toi par les jardins, comme je vais le faire moi-même. Les arbres sont si touffus, que nous serons promptement cachés à tous les yeux, et que nous pourrons marcher rapidement. »

Et, confiant dans l'intelligence de son enfant, Salem contourna de nouveau sa maison, rampa quelques minutes à travers les orangers, gagna un pli de terrain qui le masquait à la vue de tous, puis, s'arrêtant un instant, respira bruyamment.

Un craquement de branches le fit se retourner. Abdallah était derrière lui.

« Bravo, enfant! dit le père. On ne t'a pas vu ?

— Non.

— Les couteaux ?

— Les voilà. »

Pour plus de sûreté, le Kabyle se traina jusqu'au

sommet du mouvement de terrain et examina la campagne. Les policiers n'avaient pas bougé.

« En route, dit-il, et que Dieu nous protège. »

En approchant de la Casbah, les deux compagnons se mélangèrent à des groupes d'indigènes qui commentaient avec passion les événements de la journée. Les suppositions les plus invraisemblables allaient leur train. Un vieux cheik contait gravement que le sultan des Français envoyait payer tribut au pacha des Algériens; un lecteur de la mosquée affirmait au contraire que des vaisseaux roumis allaient entrer dans le port et bombarder la ville, comme l'avaient fait plusieurs fois déjà les Français et les Anglais.

« Mais, ajouta-t-il, si les roumis brûlent la ville, par Allah ! le Commandeur des croyants la reconstruira plus belle et plus riche. »

Salem passa à un autre groupe. On y parlait d'une arrestation. Le Kabyle prêta l'oreille. Là, encore, les détails étaient invraisemblables. Un orateur pérorait sur la justice du dey, le Grand, le Magnanime, l'Invincible, qui avait, disait-il, fait jeter en prison les envoyés roumis à cause de leurs insolentes réclamations. Du Père André, pas un mot.

Salem se rapprocha de la Casbah. Devant la porte, des soldats turcs riaient; l'un d'entre eux racontait, avec force gestes, la mésaventure arrivée à Bacri, que les janissaires du poste intérieur avaient si gaillardement berné. L'hilarité gagna le poste tout entier; les mots de Bacri, de Youdi revenaient par intervalles, à la grande joie des auditeurs, dont les commentaires facétieux augmentaient la verve du conteur. Au nom de Bacri, Salem avait froncé les sourcils.

Mais au moment où, pour mieux entendre, il se rapprochait des soldats, Abdallah lui poussa le coude.

« Regarde, père, dit l'enfant. Le voilà. »

A travers la porte largement ouverte, Salem aperçut en effet le Père André traversant la cour. Deux soldats turcs l'accompagnaient. Le missionnaire, les bras croisés sur la poitrine, semblait absorbé par une contemplation intérieure.

« Par ici, » dit un des gardiens d'une voix rude.

Le groupe se rapprochait toujours; mais, au lieu de franchir la porte, il tourna soudain à gauche, se dirigeant vers un petit corps de garde situé près de l'entrée.

C'est là que le missionnaire devait passer sa dernière nuit, car, d'après les ordres d'Hussein-dey, l'exécution du Père André aurait lieu au moment précis où les vaisseaux français sortiraient du port. Et le départ de l'envoyé du roi de France était fixé au lendemain matin.

« Il ne nous verra pas, » pensaient tristement Salem et son fils, tout en feignant de s'intéresser vivement au récit du soldat turc.

Mais un éclair de joie illumina soudain leur visage. Avant de pénétrer dans son cachot le Père André s'était retourné machinalement, peut-être pour contempler une dernière fois le splendide soleil qui inondait la Casbah. Peut-être avait-il l'intuition que des cœurs aimants et dévoués battaient à quelques pas de lui. Il aperçut ses amis. Son bras s'étendit dans la direction de la porte; était-ce pour dire adieu ou plutôt pour bénir ?

Puis il entra dans la prison, qui se referma sur lui. Les Kabyles s'étaient retournés, indifférents. Les geôliers ne s'étaient aperçus de rien.

Le corps de garde dans lequel on avait emprisonné le missionnaire faisait partie de l'enceinte même de la Casbah. C'était une sorte de réduit de dix pieds de large sur vingt de longueur, un de ses grands côtés donnant à pic sur les rochers qui regardent Fort-l'Empereur.

Cette circonstance était éminemment favorable au projet conçu par Salem. L'escalade de ce côté était si difficile, si invraisemblable, qu'on n'y plaçait jamais de sentinelle; et, d'autre part, il fallait faire un long détour pour accéder de la Casbah au bas des rochers formant de ce côté le soubassement de la citadelle. Aussi, lorsque quelques heures plus tard, dans une salle basse du consulat de Sardaigne, Abdallah, Salem et Kaddour, son frère, jardinier au consulat, arrêtèrent leurs dernières dispositions, rien n'eût pu les détourner de leur audacieux projet et considéraient-ils le succès comme assuré.

Vers minuit, alors que le consul lui-même accompagnait comme nous l'avons vu le secrétaire Bianchi aux navires français ancrés dans le port, nos trois Kabyles se glissèrent silencieusement hors du logis consulaire et, contournant au sud le fort Bab-Azoun, se dirigèrent à travers les jardins vers le pied de l'escarpement. Leur plan était simple. A la faveur de l'obscurité, Salem escaladerait les rochers, gagnerait le pied du mur en pisé qui fermait le corps de garde, et attacherait à une saillie le bout d'une corde dont il serait muni. Kaddour monterait à son tour, et tandis qu'au bas de l'escarpement Abdallah ferait le guet, les deux frères attaqueraient avec leurs puissants couteaux la muraille en terre et, Dieu aidant, feraient en quelques heures un trou suffisant pour que le prisonnier pût y passer. Il descendrait par la corde en pleine campagne. On verrait ensuite.

Rien ne paraissait difficile, à cette heure suprême, à nos braves Kabyles. Il s'étaient juré de sauver leur bienfaiteur; ils le sauveraient, et l'on eût bien étonné Salem si on lui eût dit qu'il risquait vingt fois sa vie en grimpant de nuit à des rochers que les plus braves auraient hésité à escalader en plein jour. Le courageux Kabyle, lui, n'hésita pas un instant. Sa longue corde roulée autour des reins, son couteau ouvert entre les dents, il commença sa dangereuse ascension. Parfois, lorsque la pierre glissante et polie semblait se dérober sous ses pieds, il s'arrêtait et, se maintenant de la main gauche et des genoux, plantait dans une fissure la lame puissante de son flissa. Puis, suspendu des deux mains à cet échelon improvisé, il se hissait quelques pieds plus haut, reprenait haleine, repartait et s'arrêtait pour repartir ensuite.

Et plus il montait, plus le sommet de l'escarpement semblait s'éloigner. Aux trois quarts de son ascension les forces parurent abandonner le Kabyle ; une sueur froide perla sur son front, ses membres mollirent. Mais, appelant à lui sa confiance et sa foi dans le Dieu des chrétiens, il se raidit et d'un suprême effort gagna le pied du mur de la prison. Alors il respira largement, s'étira, se détendit, et un sourire de triomphe illumina son visage. Le plus dur était fait. Quelques minutes plus tard, par la corde solidement attachée à une saillie du roc, la tête de Kaddour émergeait de l'abîme, puis ses bras et son corps tout entier.

Et tandis que sur le port MM. d'Attili et Bianchi maudissaient la tempête, nos Kabyles bénissaient la bonté de

« Père, es-tu là ? »

Celui qui leur envoyait à point le grondement du tonnerre pour couvrir le bruit de leur travail et une pluie torrentielle confinant en leur casernes les troupes, les patrouilles et la police du pacha.

Les deux frères creusaient avec une activité fébrile. Par bonheur, la terre battue qui formait le mur de la prison était assez friable, et si l'obstacle qui séparait le prisonnier de ses sauveurs avait eu l'épaisseur d'une muraille ordinaire, la besogne eût été rapidement terminée. Mais le mur avait cinq pieds d'épaisseur, et bien que les lames des longs couteaux kabyles attaquassent furieusement le massif de pisé, les travailleurs tremblaient que le jour vint les surprendre avant l'achèvement de leur entreprise.

« Silence, et écoute ! » dit soudain Kaddour.

Salem pencha la tête vers le précipice.

« Non, pas là, continua le Kabyle ; à l'intérieur de la prison. »

Et Kaddour colla son oreille au fond de l'excavation.

« Le Père nous a entendus, fit-il, il gratte et il frappe. »

Effectivement des coups légers et également espacés se faisaient entendre de l'autre côté de la muraille. Les deux frères reprirent leur travail avec frénésie. Mais tandis que Salem élargissait l'orifice, Kaddour grattait en s'enfonçant dans la muraille de manière à parvenir plus rapidement à l'intérieur de la prison.

Le Père André avait compris que l'on s'occupait de sa délivrance. Par malheur il ne pouvait prendre part au labeur de ses sauveurs. Il n'avait sur lui ni couteau ni clef, pas le plus petit instrument de fer.

S'ils pouvaient me passer un outil ? pensait-il.

Et le missionnaire se mit à prier.

Bien que depuis son entrevue avec le dey et la condamnation prononcée par le tyran le Père André eût fait le sacrifice de sa vie, la pensée que peut-être l'heure suprême allait s'éloignant entra dans l'esprit du prêtre ; certes il ne craignait pas la mort; mais s'il la considérait comme une délivrance et comme le prélude naturel de la récompense de son apostolat et de ses fatigues, il ne croyait point avoir accompli encore toute sa tâche sur la terre. Et au moment de quitter ce monde il pensait avec chagrin à ses pauvres Kabyles de Bab-el-Oued et de Bab-Azoun, à tous les malheureux des faubourgs auxquels depuis si longtemps il prodiguait ses soins et ses aumônes, à ces chrétiens de fraîche date convertis par lui et que son abandon allait livrer aux persécutions des Turcs et conduire peut-être à l'apostasie.

Voilà pourquoi un joyeux espoir s'emparait de lui à mesure que le grincement des outils dans le pisé durci devenait plus distinct. La délivrance était proche et, après elle, de nouveaux travaux, de nouvelles luttes.

Soudain un petit morceau de la muraille se détacha et roula sur le sol battu de la prison. La lame de Kaddour ne rencontrait plus d'obstacle. La communication était établie, bien précaire, bien faible encore; mais ce premier succès redoublait le courage des travailleurs.

« Père, es-tu là ? murmura Kaddour, appliquant ses lèvres contre l'orifice du trou. C'est nous, Kaddour et Salem. Nous avons une corde; dès que le trou sera assez grand, tu sortiras de ta prison.

— Mes amis, mes enfants, merci ! dit comme un souffle la voix du missionnaire de l'autre côté de la muraille.

Mais passez-moi un couteau, je travaillerai de mon côté.»

Sans répondre, Kaddour fit pénétrer un long flissa dans l'orifice.

« Je le tiens, souffla le Père; à l'ouvrage maintenant. »

Et à tâtons il se mit à agrandir l'ouverture.

L'orage à ce moment battait son plein : le tonnerre grondait sans interruption ; des détonations formidables allaient se répercutant à travers les longues galeries voûtées de la Casbah. Une pluie torentielle inondait les cours, les jardins du palais.

Étendus dans leur corps de garde, les soldats du poste dormaient ou fumaient.

Le succès de l'évasion était désormais assuré.

« Voilà qui est fait, » dit soudain le missionnaire.

Et sa tête intelligente apparut à travers l'ouverture, au rebord de l'escarpement.

« Va, Père, ne crains rien, nous te tenons, murmurèrent les deux frères. Tiens, par ici, à droite. Maintenant prends la corde. Abdallah est en bas. »

Deux minutes plus tard, le missionnaire, rendu sain et sauf au pied du rocher, serrait silencieusement dans ses bras le jeune Kabyle.

Tout à coup un bruit de pas les fit tressaillir. Quelqu'un venait. A la lueur éblouissante d'un éclair ils aperçurent un soldat qui suivait le sentier menant à la Casbah. Au même moment, Kaddour, suspendu à la corde à mi-chemin du sol, descendait avec précaution. Le janissaire avançait toujours. Il touchait presque le buisson derrière lequel le Père André s'était tapi avec Abdallah. Soudain, il poussa un cri d'étonnement ou d'effroi. Il avait aperçu une forme humaine glissant le long des rochers.

Il va donner l'alerte, pensèrent simultanément les deux hommes.

Agile comme un chat, Kaddour avait bondi. Le janissaire, cloué par l'épouvante, saisi à la gorge par la main nerveuse du Kabyle, ne put lancer un second appel. En moins de temps qu'il n'en faut pour l'écrire, il était couché par terre, bâillonné avec un pan de burnous et solidement maintenu par Kaddour, Abdallah et le missionnaire.

« Homicide point ne seras, » dit gravement ce dernier au Kabyle, qui semblait chercher dans ses vêtements son terrible couteau.

Kaddour obéit à regret. La mort du soldat turc lui semblait chose toute naturelle et le moyen le plus simple de l'empêcher de donner l'alarme.

Salem avait à son tour exécuté la périlleuse descente.

« Coupe un morceau de la corde, » dit impérieusement le missionnaire.

Le Kabyle obéit.

Quelques instants plus tard, le janissaire soigneusement empaqueté dans son burnous et consciencieusement ligotté était déposé bien en vue au milieu du chemin. A l'aube, le premier passant venu le délivrerait certainement. Mais alors les fugitifs seraient loin, et personne ne connaîtrait jamais les auteurs de la miraculeuse évasion.

Lorsque le jour se leva radieux, dorant les collines du Sahel, Kaddour vaquait à ses occupations dans la maison du consul de Sardaigne. Salem travaillait ostensiblement dans son jardin de Bab-el-Oued, et les policiers trempés par l'orage de la nuit quittaient leur poste d'observation pour aller conter leur déconvenue à leur chef.

En arrivant à la Casbah, ils trouvèrent tout en révolution. La fuite du missionnaire venait d'être découverte. Les soldats de garde la nuit précédente avaient tous été mis en prison, et des patrouilles de janissaires battaient la campagne pour retrouver les traces du fugitif.

Celui-ci, tranquillement installé derrière un bouquet d'arbres le long de la côte, examinait le va-et-vient des embarcations sillonnant la rade, tandis qu'Abdallah halait sur la grève une petite barque empruntée sous prétexte de pêche à un ami de son père, et qui allait conduire le missionnaire et son compagnon au navire français, dont on apercevait à peu de distance la blanche voilure, les canons étincelants et le pavillon fleurdelisé gaiement agité par la brise algérienne.

V

L'INSULTE AU PAVILLON

Le commandant en second du vaisseau *la Provence* arpentait fiévreusement le pont du navire. Depuis quelques minutes que l'officier de quart avait fait piquer dix heures sur la cloche du bord, le remplaçant provisoire du comte de la Bretonnière avait vingt fois au moins passé la main droite dans ses longs favoris noirs, ce qui, tout l'équipage le savait, était un signe de cruelle perplexité. Bien souvent aussi, depuis que l'heure extrême fixée pour la conclusion ou la rupture des négociations s'était écoulée, le brave marin avait été tenté de porter à sa bouche le porte-voix de commandement que sa main gauche crispée serrait avec fureur. Il lui avait fallu toute son énergie pour arrêter au passage l'ordre de branle-bas de combat qui, à l'heure actuelle, lui montait involontairement aux lèvres.

L'agitation du commandant de la *Provence* était d'ailleurs bien naturelle. Son chef et ami, le capitaine de vaisseau comte de la Bretonnière, n'avait point encore rallié le bord, et depuis le lever du soleil une agitation insolite se manifestait dans la ville haute, aux alentours de la Casbah, ainsi que dans les batteries et ouvrages du port d'Alger, au Fort-l'Empereur et au fort Bab-Azoun.

A l'aide des puissantes longues-vues du bord, les officiers avaient remarqué dans les cours des ouvrages et sur les terre-pleins des remparts des déplacements de canons que l'on semblait mettre en batterie sur la rade. Des corvées nombreuses de soldats turcs avaient charrié, pendant plusieurs heures, de lourds fardeaux que l'on avait quelque droit de prendre pour des sacs de poudre ou des projectiles; l'étendard du dey flottait à toutes les hampes, aussi bien dans la Casbah que sur les fortifications du port et au sommet des minarets. Et les envoyés français ne paraissaient encore pas sur le quai absolument désert!

L'angoisse serrait le cœur des officiers et de l'équipage à l'idée que leur chef, qu'ils adoraient, avait pu être victime d'un guet-apens ordonné par le cruel Hussein ou organisé par ses favoris avec sa tacite complicité. A la pensée d'une telle déloyauté le sang bouillait dans les veines du commandant du navire et de ses subordonnés, et chacun songeait à la vengeance éclatante que l'on tirerait des Algériens s'ils s'étaient rendus coupables d'une monstrueuse violation du droit des gens.

Moins patients que leur chef et ne connaissant point à fond les dernières instructions envoyées par M. de la Bretonnière, les jeunes officiers, les aspirants et les enseignes surtout estimaient que l'on tardait bien à brûler la Casbah. Et, dans l'espoir que le branle-bas de combat ne saurait longtemps tarder, les officiers canonniers étaient descendus plusieurs fois aux batteries pour examiner si les sabords de leurs pièces étaient en position favorable à la prise d'une bonne ligne de mire et à l'envoi de savantes bordées dans le palais de ce gredin de pacha.

« Commandant, l'*Alerte* signale, » fit respectueusement l'officier de pavillon, s'approchant de son chef.

En effet, à un mille dans l'est, on apercevait le brick français qui, longeant la côte à quelques encâblures, faisait des signaux.

L'officier traduisit : « Ordres exécutés. Escadre tout va bien. Avons recueilli trois felouques, quarante-cinq chrétiens. Faut-il entrer au port? »

C'était le navire français qui, parti la nuit précédente pour porter à l'escadre de blocus les dépêches destinées au roi, avait rencontré un aviso monté par le capitaine Rosamel lui-même, et, sa mission accomplie, était revenu croiser devant la côte algérienne. La vigie avait bientôt signalé, dans l'immense baie située entre Alger et le cap Matifou, des felouques chargées de monde qui semblaient implorer de l'aide. Le brick avait aussitôt louvoyé, s'était laissé rejoindre et avait pris à son bord les malheureux chrétiens qui, prévenus par le consulat de Sardaigne, fuyaient les cruautés de la police turque.

« Signalez compris, ordonna le commandant de la *Provence*.

— Bien.

— Transmettez maintenant l'ordre de...

— Barque à bâbord, » cria la vigie.

Le commandant bondit vers la dunette, sa jumelle à la main, et examina avidement le port.

« Enfin, dit-il, avec un soupir de soulagement, le voilà. Il était temps. »

Et se retournant vers l'officier :

« Signalez au brick de mouiller au large en attendant des ordres, mais de se tenir prêt à appareiller. Signalez aussi que le commandant de l'escadre a quitté le port et rallie la *Provence.* »

La vigie transmettait rapidement, à l'aide de signaux et de pavillons, les ordres du commandant du navire.

Celui-ci ne s'était pas trompé. Une barque battant pavillon parlementaire se dirigeait effectivement vers le navire français. Sous l'impulsion de quatre vigoureux rameurs, la frêle embarcation semblait voler sur la surface moutonneuse de la rade.

Grâce à la pureté de l'atmosphère, on distinguait nettement les personnes qui la montaient.

L'état-major de la *Provence* s'était groupé autour du second, échangeant ses impressions.

« Bah ! fit un enseigne, c'est Bianchi qui tient la barre.

— Mais il ne s'en tire pas trop mal pour un interprète, riposta un autre.

— Comme le commandant a l'air soucieux ! disait un troisième; cela n'a pas dû aller tout seul chez le vieux forban.

— Ma foi, dit soudain un vieux lieutenant de vaisseau, j'aime mieux cela. On va au moins faire quelque chose d'intéressant. J'en ai assez de ce blocus pour rire où l'on ne tire pas un coup de canon. Et j'espère bien que si Hussein a été inconvenant on va lui raser sa bicoque. Il y a des années que cela devrait être fait. Les Algériens commencent à m'agacer. Et puis, voilà trop longtemps qu'ils nous tiennent là le bec dans l'eau, sans autre distraction que la pêche à la ligne. »

Les officiers se mirent à rire. L'indignation du vieux loup de mer les amusait; ils partageaient d'ailleurs tous l'opinion de leur camarade, et maintenant que l'appréhension d'un danger menaçant leur chef avait disparu, puisqu'ils apercevaient à quelques encâblures la silhouette martiale de M. de la Bretonnière, tous eussent, au fond, été désolés de voir aboutir les négociations. Et de fait le sentiment qui emplissait le cœur des officiers de la flotte française était partagé par l'armée de terre et par la nation tout entière. L'opinion publique s'était soulevée en France lorsque, deux ans auparavant, l'injure faite à notre consul par le dey était restée impunie; car on ne pouvait qualifier de représailles sérieuses la cessation des rapports diplomatiques entre la France et la Régence, non plus que le blocus des côtes d'Algérie.

La ville d'Alger tirait toutes ses subsistances de l'intérieur, et les six bâtiments de guerre entretenus par notre pays dans les eaux barbaresques coûtaient au budget sept millions par an sans que le blocus gênât sensiblement le commerce des Algériens.

Seule, une exécution sommaire, la ruine de la ville, la destruction de la Casbah, la capture des navires de course du dey, pouvaient être considérées par nous comme une réparation des insultes, des exactions et des cruautés dont s'était rendu coupable le chef de la Régence.

Aussi un sourire de satisfaction illumina-t-il tous les visages lorsque, paraissant au haut de l'escalier et franchissant la coupée, le comte de la Bretonnière, serrant la main à ses officiers, déclara d'une voix grave :

« Messieurs, c'est la guerre sans doute; les négociations sont rompues. Hussein refuse toute satisfaction. »

Des groupes s'étaient formés à l'arrière de la *Provence*. Tandis que les officiers supérieurs entouraient M. de la Bretonnière et M. de Nerciat, les aspirants et les enseignes

L'homme ramait ; l'enfant faisait des signaux.

avaient accaparé M. Bianchi et se faisaient raconter les mille péripéties de sa mission.

« En résumé, mon cher Bianchi, vous l'avez échappé belle, disait un enseigne. Nous nous attendions à vous voir arriver en morceaux sur le pont de la *Provence* comme ce pauvre Père Le Vacher ou M. Piolle.

— Ne plaisantez pas, messieurs, répondit gravement l'interprète. La Consulaire est toujours en batterie sur le port, et Hussein pourrait en remontrer comme cruauté à Mezzo-Morte. Qui nous dit que des malheureux chrétiens, restés là-bas, ne seront point, à leur tour, attachés à la gueule des canons? D'après ce que nous avons appris à Alger, le dey est capable de tout. Et tenez, en voilà la preuve. »

Effectivement, un boulet passait en sifflant à travers la mâture, trouait une voile, brisait une vergue et allait tomber dans la mer à quelque distance.

« A vos postes, messieurs, à vos postes, cria une voix bien connue. Branle-bas de départ. Sabords fermés. Défense absolue de riposter. »

Et le comte de la Bretonnière, pâle, mais calme, gagna rapidement la passerelle et examina la rade.

Des coups de sifflet retentirent; les gabiers et les mousses disparurent dans la mâture; et tandis que, virant au cabestan, la bordée de quart relevait les ancres, la *Provence* se couvrait de toile et, louvoyant dans la rade, s'ébranlait majestueusement pour gagner la haute mer. Le drapeau parlementaire flottait toujours au grand mât à côté du pavillon du roi.

Il était temps. Le coup de canon qui avait interrompu si brutalement les conversations engagées sur le pont du navire était le signal d'un guet-apens monstrueux.

Deux minutes s'étaient à peine écoulées que de la Casbah, des forts, des batteries de la ville et du môle partirent des salves de boulets et de mitraille, trouant les voiles, déchiquetant les vergues et creusant dans la coque du vaisseau-amiral de nombreuses déchirures. Une épaisse fumée cachait la ville, l'éclair des détonations marquait seul, à intervalles inégaux, l'emplacement des batteries.

« Défense de riposter, répéta le commandant de la Bretonnière, impassible à son banc de commandement. Défense absolue. Signalez à l'*Alerte* branle-bas de départ. Ralliement sur l'escadre; surtout ordre de ne pas tirer. »

Cette dernière recommandation n'était pas inutile. Au premier coup de canon des Algériens, les équipages français des deux navires s'étaient élancés à leurs pièces, demandant à combattre. Tous, officiers et soldats brûlaient du désir de venger sur l'heure la violation du pavillon neutre, l'insulte faite au drapeau français. Mais, décidé à ne point compromettre son caractère de parlementaire, M. de la Bretonnière avait su commander à sa propre indignation, et la discipline des équipages français dut encore une fois se plier aux exigences de la situation. D'ailleurs la brise fraîchissait. Un vent favorable soufflant de terre enflait les voiles de la *Provence*, qui se trouva bientôt hors d'atteinte.

On put alors se rendre compte des avaries causées par les projectiles turcs, car par un hasard providentiel aucun homme de l'équipage n'avait été atteint. Seuls la voilure et le gréement nécessitaient des réparations sérieuses. La coque n'avait point été percée au-dessous de sa ligne de flottaison, et aucune voie d'eau ne s'était déclarée.

« Pouvons-nous naviguer malgré tout? demanda M. de

la Brotonnière à son second, lorsque ce dernier lui eut terminé son rapport.

— Oui, commandant, répondit l'officier.

— Alors, en route vers le nord ; on fera les grosses réparations à l'escadre. Nous n'avons pas de temps à perdre ici. »

Le second s'inclina et sortit, laissant son chef rédiger pour le roi le rapport des événements de la journée.

Cependant, dans les batteries et sur le pont tout avait repris sa physionomie normale ; le pavillon parlementaire avait été amené, et les officiers que leur service ne retenait pas aux divers postes du navire échangeaient par signaux des conversations avec leurs camarades de l'*Alerte*, qui voguait vers le nord à quelques encâblures du vaisseau-amiral.

C'est ainsi que M. de Nerciat apprit de son second que dans la matinée, presque au moment où la canonnade se faisait entendre du côté d'Alger, une barque montée par deux Arabes, un homme et un enfant, s'était dirigée vers le brick. L'homme ramait ; l'enfant faisait des signaux d'appel. Le brick avait louvoyé et les avait pris à bord. Quelle n'avait pas été la surprise des officiers lorsque l'homme, un superbe Arabe à la barbe noire, leur avait adressé la parole dans un français très pur. On s'était expliqué. Le faux Arabe n'était autre qu'un missionnaire français échappé presque par miracle de la prison d'où il ne devait sortir que pour marcher à la mort, et conduit à la côte par des Kabyles qu'il avait convertis. L'enfant était le fils de l'un d'eux ; il ne voulait pas se séparer du missionnaire. D'ailleurs il n'y avait pas possibilité de le renvoyer seul à la côte. Le commandant de Nerciat approuva les dispositions prises à son bord pour le logement des réfugiés, et prescrivit au brick de se rapprocher insensiblement de la *Provence*, afin de pouvoir lui-même bientôt regagner son poste sans être obligé de ralentir l'allure de l'un ou l'autre navire.

Quelques heures après, ayant pris congé de M. de la Bretonnière, le capitaine de Nerciat reprenait le commandement de l'*Alerte*, et les deux navires voguaient à pleines voiles vers l'escadre, vers les côtes de France.

Cependant, à Alger, l'exaltation des fanatiques s'était un peu calmée. Les conseillers du dey n'osaient encore lui faire comprendre la gravité de l'acte qu'il avait prescrit. Mais ceux d'entre eux auxquels la puissance de la France n'était point inconnue hochaient tristement la tête en se confiant tout bas leurs amères réflexions. L'outrage avait été trop grand; cette fois il ne resterait pas impuni.

La populace, de son côté, était terrifiée par un présage funeste. Une des grosses pièces du môle, chargée jusqu'à la gueule et pointée par des artilleurs maladroits, avait fait explosion, tuant ou mutilant les servants, ainsi qu'une dizaine de curieux groupés autour d'elle pour voir l'effet du boulet sur le vaisseau roumi.

Parmi les blessés se trouvait Bacri, qui, mortellement atteint, un bras emporté, le ventre affreusement déchiré, poussait des cris lamentables. Mais tous les assistants avaient fui; et lorsque, la panique passée, des soldats vinrent relever les blessés, le misérable juif avait rendu le dernier soupir. Sa trahison était expiée.

La chute des janissaires et de leur chef Hussein n'allait point tarder, affirmaient les vieillards, commentant mystérieusement la prophétie d'El-Djilali.

Quant au dey, il se confinait sombre et farouche au fond de son palais, attendant les événements.

VI

L'AUDIENCE DU ROI

Un huissier appela :

« Le Révérend Père André. »

Toutes les têtes se tournèrent vers un prêtre, qui humblement assis à l'écart, dans un angle du salon d'attente, semblait tout confus d'être ainsi l'objet de l'attention générale. Sa modestie était d'ailleurs mise ce jour-là à une rude épreuve ; il avait fallu un ordre exprès de Sa Majesté pour que le missionnaire se décidât à franchir le seuil des Tuileries et à aller recevoir, en récompense de son dévouement, une preuve publique de l'estime royale, une audience particulière de Charles X.

A l'appel de l'huissier, le Père André se leva, se dirigeant vers le cabinet du roi.

« Laisse-moi, Abdallah, attends-moi ici, » fit-il se retournant vers un petit Arabe que son geste avait démasqué et qui, craintif, se cramponnait à la robe noire du prêtre.

« Le Révérend Père André, tout seul, » ajouta l'huissier, interprétant la petite scène jouée devant lui.

Une grosse larme perla aux yeux de l'enfant; il se rejeta farouche au fond de son fauteuil.

Le Père André disparut, respectueusement salué au passage par la foule des courtisans qui encombrait ce jour-là l'antichambre royale.

Car l'histoire du missionnaire et de son protégé s'était rapidement répandue à la cour de France. Le comte de la Bretonnière, le commandant de Nerciat, M. Bianchi lui-même, avaient dû maintes fois raconter à leurs amis de Paris les circonstances dans lesquelles s'était accomplie leur périlleuse mission. Pendant les quelques jours qu'avait duré la traversée d'Alger à Toulon, nos officiers de marine avaient apprécié la noblesse de cœur, l'abnégation et l'héroïsme du Père André.

Il leur avait été facile de deviner la suprême intelligence et l'éducation raffinée de cet humble prêtre, qui avait abandonné tout ce que le monde pouvait lui promettre de gloire et de bonheur, en échange d'un apostolat de fatigues et de souffrances.

La gentillesse d'Abdallah, l'affection farouche qu'il témoignait à son père adoptif avaient frappé tous ceux qui l'avaient approché. Aussi, lorsqu'en arrivant à Toulon le comte de la Bretonnière avait reçu du préfet maritime l'ordre de se rendre d'urgence à Paris avec ses compagnons de mission, n'avait-il pas hésité à comprendre sous cette dénomination le Père André et le petit Abdallah, désireux qu'il était de présenter au roi un homme auquel la cause française et chrétienne en Algérie était redevable de tant de reconnaissance.

De Toulon à Paris, le voyage s'était effectué en poste. Des relais spéciaux préparés par les soins du gouvernement avaient fait accomplir aux voyageurs ce long trajet sans trop de fatigue. Sitôt leur arrivée dans la capitale, les compagnons de route avaient dû se séparer, les officiers devant être les hôtes personnels du ministre de la marine, tandis qu'Abdallah et le Père André se rendaient au presbytère de Saint-Germain-l'Auxerrois, le curé de cette paroisse ayant été le compagnon de séminaire et l'ami préféré du missionnaire.

C'est là qu'un beau matin du mois d'août, un cavalier de la garde avait apporté un pli scellé aux armes royales, prévenant le Père André que Sa Majesté lui accorderait une audience le jour même, à onze heures du matin, avant le conseil. Un billet amical de M. de la Bretonnière, reçu en même temps, avait un peu calmé l'inquiétude du prêtre, que l'idée de se trouver seul en présence de Sa Majesté très chrétienne troublait au plus haut point.

Le commandant de la *Provence* écrivait au Père André qu'il aurait le plaisir de le présenter lui-même au roi; que Sa Majesté, vivement intéressée par les récits qu'on lui avait faits de la carrière apostolique du missionnaire en Algérie, désirait le remercier elle-même de son dévouement à la cause de la France et de la religion. Un post-scriptum de la lettre disait :

« Emmenez Abdallah, peut-être Sa Majesté voudra-t-elle voir votre gentil moricaud. En tous cas, les familiers du château lui feront fête. Et ce sera sans doute pour lui une occasion unique de visiter le palais des rois de France. »

Aussi, lorsque le missionnaire eut été introduit chez le roi, tous les courtisans, que l'attitude simple mais digne du prêtre avait tenus à l'écart, se précipitèrent-ils vers le petit Kabyle.

Intimidé au plus haut degré, l'enfant jetait autour de lui des regards d'angoisse. Les grands seigneurs, les officiers chamarrés d'or, constellés de décorations, les hauts dignitaires de l'Église en costume de cour, tout cet appareil, toute cette pompe le remplissaient de terreur. Il ferma les yeux, anéanti.

« Allons, Abdallah, allons, mon garçon, » dit soudain une voix amie.

L'enfant ouvrit les yeux, un éclair de bonheur illumina son visage. M. de Nerciat était devant lui, M. de Nerciat qui, pendant tout le cours du voyage, lui avait témoigné la plus grande amitié et était parvenu à apprivoiser ce naturel sauvage.

« Messieurs, dit à haute voix l'officier de marine, tenant dans sa main nerveuse la petite main bronzée de son protégé, je vous présente un héros. Abdallah-ben-Salem, ce gamin de treize ans que vous voyez ici, a sauvé la vie du Père André, ce missionnaire qui est à l'heure présente chez Sa Majesté et dont l'expérience profitera autant au corps expéditionnaire qu'une bonne et solide division d'infanterie.

— Comment? Que dites-vous là, Nerciat? interrompit un vieux lieutenant général. Un corps expéditionnaire? L'expédition est donc décidée?

— Oh! mon général, répondit l'officier de marine, vous allez un peu vite. Je crois que Sa Majesté pense sans doute comme nous tous, comme la France entière, à nettoyer ce repaire de bandits dont Hussein est le chef. Mais je serais désolé, ajouta-t-il avec un sourire énigmatique, de me faire éditeur de fausses nouvelles ou même de nouvelles prématurées. D'ailleurs il ne s'agit ici que d'Abdallah. »

Ayant ainsi rompu les chiens et ramené l'attention sur son protégé, M. de Nerciat conta par le menu la délation de Bacri, l'arrestation du missionnaire, sa délivrance grâce au dévouement d'Abdallah-ben-Salem et de Kaddour, enfin son arrivée à bord de l'*Alerte* en compagnie de l'enfant.

« Et maintenant, gamin, ajouta-t-il rudement, embrasse-moi, je te laisse. Tu n'as plus besoin que je te garde. Tout le monde ici t'aime autant que moi. N'est-il pas vrai, messieurs? »

Un oui unanime partit de tous les coins du salon, et en un instant le petit Kabyle se trouva entouré de tout ce que Paris contenait d'illustre parmi les personnages admis à se présenter à la cour du roi de France.

Laissons Abdallah en compagnie de ses nouveaux amis, et pénétrons à la suite du Père André dans le cabinet de Charles X.

Sa Majesté avait eu dès le matin un dernier entretien avec le comte de la Bretonnière. La résolution du roi était prise, la guerre résolue. Cette lointaine expédition lui souriait, car elle rappelait à son esprit chevaleresque et religieux les croisades du moyen âge ; elle plaisait d'autre part au chef du gouvernement, M. de Polignac, qui, sous l'empire de projets bien arrêtés, voulait distraire l'opinion publique ; enfin, elle flattait les instincts du peuple de France qui a toujours aimé la guerre pour la gloire.

Aussi, lorsqu'à son arrivée à Paris le comte de la Bretonnière eut rendu compte au roi de tous les incidents qui avaient signalé sa mission, et de la suprême insulte d'Hussein-dey au drapeau de la France, la décision de Sa Majesté et de ses ministres devint-elle irrévocable. Et l'audience accordée au comte, dans cette matinée du 16 août 1829, n'avait-elle pour but que de donner à l'envoyé de France une double satisfaction : celle d'être le premier à qui la guerre prochaine serait officiellement annoncée, puis celle de présenter au roi son compagnon de voyage le Père André.

« Venez, mon révérend Père, dit au missionnaire Charles X, lui tendant sa main que le prêtre baisa respectueusement. Venez, et dites-nous sans ambages, sans restriction aucune, dans toute votre indépendance de prêtre et de loyal sujet parlant à son roi, ce que vous pensez d'une expédition française contre les États barbaresques.

— Sire, répondit le Père redressant sa haute taille, et fixant sur le monarque ses yeux dont le respect parvenait à peine à tempérer l'éclat d'une radieuse intelligence, depuis que j'ai eu le bonheur de consacrer mes forces et ma vie à la conversion des pauvres Arabes, j'adresse chaque jour à Dieu la prière suivante : « Mon « Dieu, faites que ce pays redevienne chrétien ; faites que « ce pays devienne français. »

Charles X sourit.

« Eh bien, mon Père, fit-il d'un air inspiré, votre vœu sera sans doute exaucé. Le pays que vous aimez tant deviendra, s'il plaît à la Providence, et chrétien et français. Ces prémisses posées, dites-nous maintenant ce que vous pensez de l'avenir de l'Algérie, de ses ressources, de l'utilisation que nous pourrions faire de sa conquête car c'est une conquête, n'est-ce pas, comte ? » interrompit le roi se tournant du côté de M. de la Bretonnière. Le comte fit de la tête un geste de respectueux assentiment.

« Sire, reprit le Père André, Votre Majesté sait qu'aux premiers temps de l'ère chrétienne l'Algérie était une région d'une fertilité proverbiale. Pendant plusieurs siècles, elle partagea avec l'Égypte le titre de grenier de Rome.

« Je vous demande pour le Père André, ici présent, une place d'aumônier au quartier général. »

4*

Mais les guerres extérieures ou civiles, les révoltes, les révolutions ont peu à peu tari la source de tant de richesses. La domination musulmane, les préceptes du Coran établissant que, là où entre la charrue, là entre aussi la honte, l'apathie naturelle des peuplades pastorales, et par-dessus tout l'administration odieuse des Turcs et de leurs successeurs les pirates algériens, ont transformé en désert aride une partie de ce beau pays. Seule, la région septentrionale a jusqu'ici résisté à la dévastation. Elle est en effet habitée par le peuple kabyle, qui s'adonne à la culture et à l'exercice des arts utiles. A l'encontre des Arabes du sud, le Kabyle s'attache au sol, se construit une maison. Il est sobre, habitué au travail, rompu à la fatigue. Doué d'une rare intelligence, il exerce avec beaucoup d'adresse les professions industrielles. Il fabrique la toile et les tissus de laine, les moulins à huile, les pressoirs, les corbeilles de jonc et les armes à feu. Il sait forger les socs de charrue, les bêches, les faux, les serpes et les pioches. Il a de profondes idées de famille, et la femme kabyle jouit d'une grande considération. Il aime sa patrie et écoute volontiers ses marabouts. C'est surtout chez des Kabyles que la religion chrétienne s'implantera le plus facilement, car les peuplades de cette race sont plus accessibles que toutes autres à la civilisation.

« Quant à l'Arabe, s'il a des qualités de sobriété et de bravoure, s'il est hospitalier, il est généralement vaniteux, humble, obséquieux et arrogant ; tour à tour, voleur et menteur. Il est paresseux de corps et d'esprit. Nous ne pouvons espérer ni le civiliser, ni le convertir. Peut-être pourra-t-on l'utiliser en opposant les uns aux autres les tribus ennemies ou rivales, mais jamais il ne sera assimilé. »

Le roi écoutait avec une bienveillance marquée les renseignements que lui donnait le missionnaire sur les diverses peuplades de l'Algérie.

Quand le Père André eut terminé :

« Eh bien, mon révérend, et les juifs ?

— Ah ! Sire, les juifs, dit le missionnaire, ils sont restés ce qu'ils étaient au temps de Jésus-Christ, et si la charité ne me défendait point de médire du prochain, je dirais qu'ils sont devenus pires.

— Dites-le, mon révérend, dites-le, interrompit Charles X en souriant. Le roi de France prend pour lui le péché, s'il existe toutefois, ce que je ne crois pas. »

Et l'entretien se continua, le Père énumérant toutes les richesses qu'il serait possible de tirer de ce pays merveilleux qu'était l'Afrique du Nord.

Il s'animait en parlant, oubliant presque qu'il se trouvait devant le roi, et Charles X, suspendu à ses lèvres, ne songeait plus lui-même à sa propre majesté, ébloui et ravi.

Il décrivait ces immenses forêts d'une superficie supérieure aux forêts de France, et d'où on tirerait le liège, le bois de construction de charpente, de charronnage et d'ébénisterie, les écorces à tan et les matières colorantes.

Puis il évoquait aux yeux du monarque les plaines sans fin, les collines succédant aux collines, couvertes d'arbres fruitiers, d'oliviers, de bananiers, d'orangers, de mûriers ; les champs de Kabylie où poussent le blé dur, l'orge, le maïs et le millet, les jardins irrigués du littoral avec leurs fruits savoureux ; les pâturages sans fin des hauts plateaux, les plaines d'alfa, de henné, de safran, d'indigo. Il expliquait que des richesses minérales incalculables étaient enfouies dans le sol algérien sous la forme de minerai de fer, de cuivre, de plomb, de zinc et d'antimoine ; que, dès l'époque romaine, des sources thermales abondantes rendaient à ceux qui en faisaient usage la santé et la vie.

Puis, passant au règne animal, il décrivait la faune merveilleuse de ce pays privilégié : les animaux sauvages, le lion, la panthère, l'hyène, le chat-tigre, le lynx, le chacal, le serval, l'ichneumon, la mangouste, le sanglier, le lièvre, le singe, le bœuf sauvage, le mouflon, la gazelle ; les animaux domestiques, le cheval, le mulet, l'âne, le chameau et le méhari, le bœuf, le mouton, le porc.

. . . .

« Toutes ces richesses seront le patrimoine de la France, dit gravement le roi lorsque le Père André eut terminé son intéressant récit. Mais, vous-même, mon Père, que désirez-vous personnellement du roi de France ? Nous voudrions reconnaître et récompenser votre apostolat, vos travaux et le bien que vous avez fait à votre pays en donnant là-bas l'exemple des vertus et du courage français. Parlez sans crainte, notre bienveillance vous est acquise.

— Sire, répondit le missionnaire en s'inclinant respectueusement devant Charles X, je suis récompensé au delà de mes mérites par la façon dont Votre Majesté a daigné me recevoir. Mais, puisqu'elle veut bien m'autoriser à lui demander une faveur, je la supplie de me permettre de retourner à mes pauvres Kabyles sitôt que les circonstances le permettront. »

Le roi sourit et frappant sur un timbre :

« M. de Bourmont est-il arrivé? demanda-t-il au chambellan qui répondit à son appel.

— Oui, Sire, fut-il répondu. M. de Bourmont attend dans le salon des gardes le bon plaisir de Votre Majesté.

— Faites-le entrer, dit le roi.

« Monsieur le commandant en chef de l'armée d'Afrique, continua-t-il lorsque le comte de Bourmont fut entré, j'ai une faveur à vous demander.

— Une faveur à moi, Sire? répondit le comte, rougissant de bonheur à l'annonce officielle d'une nomination si ardemment désirée et si impatiemment attendue. Votre Majesté veut dire un ordre à me donner.

— Non, mon cher comte; un ordre royal est trop facile à donner. Je préfère être votre obligé. Je vous demande pour le Père André ici présent une place d'aumônier au quartier général du corps expéditionnaire. Et maintenant mon révérend Père ajouta le roi sans attendre la réponse du général, je vous rends votre liberté. Vous recevrez incessamment les ordres du ministre de la guerre, dont vous relevez désormais. Adieu, mon Père. »

Le Père André baisa la main du roi et sortit.

« Sapristi, mon révérend, vous voulez donc ameuter contre vous toute la cour de France, dit gaiement M. de Nerciat au moment où le missionnaire rentrait dans le salon d'attente à la recherche d'Abdallah. Peste! comme vous y allez. Une heure et quart chez Sa Majesté. Tenez, voyez là-bas ces messieurs qui vous traitent déjà d'accapareur.

— N'en croyez rien, mon révérend Père, s'exclamèrent en cœur tous les courtisans. Il n'y a pas ici de jaloux.

il n'y a que des admirateurs. Et d'ailleurs, votre gentil moricaud nous a fait prendre patience. »

De fait, Abdallah embrassé, choyé, bourré de friandises par les officiers et les chambellans, semblait tout à fait apprivoisé et circulait de groupe en groupe, mettant une tache blanche au milieu des brillants uniformes et des costumes étincelants de l'antichambre royale.

Soudain les portes s'ouvrirent à deux battants, les hallebardes des Suisses résonnèrent sur le marbre, d'une voix de stentor un huissier cria :

« Le roi ! »

Les conversations se turent, les têtes se découvrirent ; tous les assistants s'inclinèrent respectueusement.

Charles X, son conseil terminé, gagnait la salle à manger. Après le roi, le triomphe dans le regard, d'un port majestueux, marchait le lieutenant général comte de Bourmont, commandant en chef des troupes françaises en Afrique.

Le cortège royal disparut; derrière lui s'engouffra dans les salles, dans les escaliers, dans les cours des Tuileries la foule des courtisans, chacun d'eux s'attribuant à part soi le sourire figé sur les lèvres du roi de France. Tous se trompaient d'ailleurs. Cette fois le sourire n'avait été pour personne. Charles X avait eu l'intuition du succès de ses armes ; dans son rêve chevaleresque il s'était vu plus heureux que saint Louis recueillant la gloire et le profit d'une neuvième croisade, et il s'était souri à lui-même.

Modestement le Père André et Abdallah sortirent les derniers du château.

VII

LE CONSEIL DE GUERRE

Le lieutenant des Orbiers entra en coup de vent dans le salon des aides de camp et, sans daigner refermer la porte, se mit à exécuter devant ses camarades ahuris une sarabande fantastique, bousculant sans merci chaises, tables, papiers et encriers.

« Ah çà, tu deviens fou, crièrent en chœur les jeunes officiers.

— Mes papiers! bougonna le plus ancien, le lieutenant Muratel, qui se précipita pour ramasser ses dossiers épars.

— Ferme au moins ta porte, dit un autre. Tu vas scandaliser les plantons. »

Des Orbiers s'arrêta pour souffler.

« Oh! maintenant, les plantons, la paperasse, la porte, tout cela, mes enfants, poussière! Nous partons pour l'Afrique et vive le roi! »

Et des Orbiers se mit à gambader de plus belle.

« Comment! nous partons? cria Muratel dressant l'oreille; c'est vrai, alors?

— Comment si c'est vrai? lis plutôt. »

Le jeune lieutenant tendit à son camarade un papier.

« Lis tout haut, » crièrent-ils tous.

Le lieutenant Muratel commença sa lecture, ponctuant ses phrases, scandant les mots.

« C'est ma foi vrai, conclut-il en terminant, M. de Bourmont est nommé général en chef de l'armée d'Afrique.

— Alors, mon petit des Orbiers, il nous emmène!

— Parbleu, je me tue à vous le dire.

— Nous l'accompagnons tous, tu entends, Muratel, tous. Là-dessus je me sauve; il faut que l'ordonnance paraisse au *Moniteur* demain; il faut que je fasse faire des copies de l'ordre convoquant le conseil de guerre. Oh! ce n'est pas drôle d'être de service aujourd'hui.

— Voyons, ne te désole pas; commence par nous raconter tout ce que tu sais, nous t'aiderons ensuite à faire ta besogne. Est-ce entendu? »

Les jeunes gens s'inclinèrent en signe d'assentiment.

Des Orbiers se carra dans un fauteuil et alluma une cigarette.

« Au fait, dit-il, à un quart d'heure près! et puisque vous me donnerez un coup de main, je puis bien me remettre de mon émotion. Figurez-vous que depuis ce matin le ministre ne vit plus. Le roi lui avait presque donné sa parole de le nommer au commandement du corps expéditionnaire, mais rien n'était signé. A un moment nous avons cru que tout avait craqué, M. le duc de Raguse s'est beaucoup agité ces jours-ci.

— Comment! interrompit Muratel; le maréchal Marmont...

— Parfaitement, le maréchal Marmont, et si vous

aviez vu ses allées et venues dans l'antichambre de Sa Majesté ! M. de Raguse faisait sonner très haut son grade, ses services dans l'armée, ceux rendus à la cause royale, etc. Le roi paraissait fort ébranlé. Enfin, ce matin, il s'est décidé en faveur du ministre de la guerre, notre ministre à nous. L'état-major du maréchal fait une tête !...

— Ces bons camarades se voyaient déjà emportant d'assaut la Casbah d'Alger... Tandis que le gâteau sera pour nous, interrompit Muratel.

— Je te crois, mon petit, interrompit des Orbiers ; à nous les grades, les croix et les lauriers. Ce n'est pas trop tôt, d'ailleurs ; je commençais à me faire vieux ici, au milieu de toutes ces paperasses. Pouah ! »

Et le jeune des Orbiers jeta un regard de mépris sur les dossiers étalés sur la table.

« Maintenant, mes enfants, que je vous ai raconté ma petite histoire, vous allez tenir votre promesse. Voilà un ordre de convocation du conseil de guerre pour demain ; il en faut douze expéditions, et le ministre ne veut pas qu'elles soient faites par des secrétaires ; ainsi attelez-vous. Je vais revenir. »

Et des Orbiers sortit, tandis que les aides de camp se mettaient à griffonner des amplifications de l'ordre convoquant au ministère de la guerre, pour le lendemain, les officiers généraux du corps expéditionnaire.

« Peste, Sa Majesté fait bien les choses, dit soudain Muratel, interrompant un instant son travail. M. le vice-amiral Duperré, M. le lieutenant général Desprez, cinq lieutenants généraux, dix maréchaux de camp. Ah çà, toute l'armée française va donc aller là-bas ? »

Les plumes continuèrent à grincer, rapides, écorchant parfois le papier ministériel.

Une heure plus tard, lorsque des Orbiers revint un peu calmé, toutes les convocations étaient faites, les enveloppes préparées.

L'aide de camp de M. de Bourmont apposa la griffe, le sceau, et quelques minutes après des cavaliers de la garde royale partaient au galop porter aux destinataires logés aux quatre coins de Paris l'ordre de se rendre, le lendemain, au ministère de la guerre pour y recevoir les instructions en vue de l'expédition d'Afrique.

Lorsqu'à dix heures précises du matin le lieutenant général comte de Bourmont fit son entrée dans la salle du conseil, il put se convaincre, d'un coup d'œil, de la faveur avec laquelle l'annonce de l'expédition était accueillie dans l'armée.

A peine avait-il ouvert la séance et prononcé la phrase: « Messieurs, Sa Majesté a résolu de détruire la puissance barbaresque, » que des applaudissements éclatèrent; des cris de : « Vive le roi ! Vive la France ! » retentirent et que, pendant plusieurs minutes, le conseil dut être suspendu.

Lorsqu'enfin le silence se fut à peu près rétabli, le ministre de la guerre, dominant son émotion, prononça l'allocution suivante :

« Messieurs, Sa Majesté nous a fait l'honneur de nous désigner pour exercer des commandements dans le corps expéditionnaire d'Afrique ; les lettres de service concernant chacun d'entre vous vous seront expédiées d'ici peu de jours, par les soins du ministère de la guerre.

« M. le lieutenant général Desprez, chef d'état-major

général de l'armée, va vous remettre un exemplaire de l'ordre de bataille arrêté en conseil de Sa Majesté ; les quelques instants qui vous sont nécessaires pour l'examiner donneront à M. le président du conseil, ministre des affaires étrangères, le temps de se rendre au milieu de nous.

« Son Excellence m'a fait, en effet, prévenir qu'elle tenait à vous exposer elle-même la situation politique, l'attitude des puissances dans la question africaine et les intentions du gouvernement.

« Le conseil est suspendu. »

Lorsque M. de Bourmont eut cessé de parler, les officiers généraux se groupèrent autour du lieutenant général Desprez, qui remit à chacun d'eux un exemplaire de l'ordre de bataille que venait de mentionner le ministre de la guerre.

Les conversations reprirent de plus belle. Les choix faits par le roi étaient unanimement approuvés ; les maréchaux de camp se félicitaient de combattre à nouveau sous les ordres des lieutenants généraux avec lesquels ils avaient fait les campagnes du commencement du siècle.

L'armée d'Afrique, placée sous les ordres suprêmes du lieutenant général comte de Bourmont, était partagée en trois divisions, commandées elles-mêmes par les lieutenants généraux baron de Berthezène, comte de Loverdo et duc d'Escars. Chaque division comprenait trois brigades; à la première division appartenaient les maréchaux de camp Poret de Morvan, Achard et Clouet; les maréchaux de camp Denis de Damrémont, Monk d'Uzer et Colomb d'Arcine, étaient attachés à la deuxième; quant aux brigades de la troisième division, elles recevaient pour chefs les maréchaux de camp de Berthier, Hurel et de Montlivault.

L'armée de terre fournissait un contingent de trente-deux bataillons d'infanterie de ligne et de quatre bataillons d'infanterie légère, soit trente et un mille hommes; six escadrons de cavalerie légère, soit cinq cent trente-quatre chevaux; deux mille cinq cents artilleurs pour les batteries montées et les batteries de siège; mille trois cents sapeurs du génie et deux mille hommes des services auxiliaires.

Au total, en y comprenant l'état-major général, les états-majors des divisions et des diverses armes et les personnes attachées à l'intendance, l'effectif de l'armée de terre s'élevait à trente-sept mille huit cent soixante-dix-sept hommes.

Quant à l'armée navale, placée sous les ordres du vice-amiral Duperré, elle devait présenter une masse imposante de onze vaisseaux de ligne, vingt-quatre frégates, sept corvettes, vingt-six bricks, huit corvettes de charge, huit bombardes, huit gabarres, deux goélettes et sept bateaux à vapeur, soit cent un bâtiments de guerre montés par vingt-sept mille marins.

Le nombre des navires marchands affectés aux transports n'était point encore fixé définitivement; mais, d'après les prévisions de l'état-major, il ne devait guère être inférieur à quatre cents.

Les membres du conseil achevaient à peine de prendre connaissance de l'ordre de bataille, et les réflexions, projets et commentaires allaient leur train, lorsque le prince de Polignac, ministre des affaires étrangères, entra dans la salle.

Il était accompagné d'une de nos anciennes connaissances, le Père André, nommé aumônier du corps expéditionnaire et attaché à l'état-major du général en chef.

Depuis l'accueil bienveillant qu'il avait reçu du roi, le missionnaire était très en faveur à la cour ; mais sa modestie s'accommodait mal des splendeurs du palais et de la pompe de l'entourage royal, et il avait fallu l'ordre exprès du ministre pour que le Père vînt assister au conseil de guerre où siégeaient de si illustres personnages. M. de Polignac avait insisté ; la connaissance qu'avait le Père André de l'Algérie et de ses habitants pouvait être fort utile aux chefs de l'armée, et il y avait intérêt à ce que le missionnaire fût tenu au courant des grands événements qui se préparaient.

Aussi le président du conseil l'avait-il fait mander de bonne heure et, après un long entretien avec lui, l'amenait-il dans sa voiture au ministère de la guerre, pour le faire assister à la séance du conseil de guerre.

Après les salutations et présentations indispensables, la séance reprit ; le Père André s'était modestement assis au dernier rang, sa robe noire tranchant singulièrement sur les uniformes ruisselants d'or qui l'entouraient. M. de Polignac avait pris la parole et exposait à son auditoire de généraux les conditions politiques dans lesquelles la guerre allait être entreprise.

« Vous avez encore, messieurs, présentes à la mémoire, disait le chef du gouvernement, les menaces et les insultes faites à notre pays par Hussein-pacha.

« Vous vous souvenez qu'après que, par ses ordres, les établissements français de la Calle eurent été saccagés, notre flotte établissait devant Alger un blocus rigoureux.

Le gouvernement comptait appauvrir la ville et provoquer une révolution ; mais Alger tirait ses subsistances de l'intérieur, et la milice était toute dévouée au chef de la régence.

« Aussi le blocus qui, depuis 1827, coûte sept millions par an à la France a-t-il été complètement illusoire. Comme il fallait à tout prix sortir d'un *statu quo* ruineux, le gouvernement ouvrit des négociations avec Méhémet-Ali, pacha d'Égypte. Ce prince s'était engagé à prendre possession des trois régences d'Alger, Tunis et Tripoli, à détruire la piraterie et à abolir l'esclavage des chrétiens. Il gouvernerait au nom du sultan et lui paierait tribut. La France devait fournir les subsides à l'expédition. Nous engageâmes à ce sujet des négociations avec les diverses puissances européennes. La Sublime Porte, prévenue par notre ambassadeur, ne témoigna ni mécontement ni inquiétude, bien qu'elle fût particulièrement intéressée dans la question ; la Prusse et la Russie donnèrent à ce projet leur entier assentiment ; l'Autriche se borna à présenter quelques objections ; quant à l'Espagne, elle applaudit des deux mains. Mais la cour de Londres protesta avec énergie, et nous ne pûmes vaincre sa résistance; force nous fut donc de renoncer à cette combinaison et d'agir par nous-mêmes.

« Le blocus fut maintenu.

« Il y a quelques semaines, le gouvernement fut avisé que des changements survenus dans l'entourage immédiat d'Hussein-pacha permettaient de croire à un revirement dans les idées de ce prince. Notre devoir était de tout tenter pour arriver, sans effusion de sang, à un arrangement favorable.

« M. le comte de la Bretonnière, commandant l'escadre de blocus, reçut l'ordre de faire à Alger une dernière tentative.

« Vous savez comment elle a été accueillie.

« Les rapports officiels, les déclarations à la chambre des députés et à la chambre des pairs, vous ont appris l'odieuse violation du droit des gens commise par le dey d'Alger.

« Sa Majesté a résolu de détruire le nid de pirates qu'est la régence algérienne. Le gouvernement a informé officiellement toutes les cours d'Europe de la décision royale. Toutes ont applaudi, sauf l'Angleterre; cette puissance, suivant en cela, comme en toute circonstance, sa politique égoïste, a présenté des objections fondées sur l'intérêt de son commerce ; bien qu'il s'en défendît beaucoup, une des craintes du Foreing-Office était de voir la France réussir là où lord Exmouth avait échoué. Des négociations pleines d'aigreur se sont engagées entre les cabinets de Paris et de Saint-James. Le chef du gouvernement de Sa Majesté britannique a été jusqu'à faire demander par l'ambassadeur d'Angleterre à Paris ce que le gouvernement français comptait faire d'Alger après s'en être emparé. Le gouvernement français a répondu, — ici le prince de Polignac scanda lentement ses mots, — que la France insultée ne demandait le secours de personne pour venger son injure, et qu'elle n'aurait besoin de consulter personne pour savoir ce qu'elle aurait à faire de sa nouvelle conquête. L'Angleterre a compris, enfin, que ses menaces n'effrayaient plus ; elle s'est tue.

« Vous voyez, messieurs, conclut le ministre, que rien ne saurait entraver votre mission au point de vue politique. Vous êtes libres, absolument libres. Quant au point de vue militaire, ai-je besoin de vous déclarer que le gouvernement du roi vous donne carte blanche, vous ouvre un crédit illimité d'argent et d'hommes pour mener à bien la campagne qui va commencer.

« Je vous laisse, messieurs, à l'étude de votre plan de campagne. Dans toutes les décisions que vous prendrez, ne vous inspirez désormais que de l'honneur de la France et du bien-être des troupes qui vous seront confiées. »

Sur ces mots, le ministre des affaires étrangères se retira, accompagné jusqu'au seuil par M. de Bourmont, qui revint aussitôt présider la séance, et la délibération militaire commença.

Depuis le jour où la guerre contre les pirates avait paru inévitable, le ministère de la guerre et le ministère de la marine avaient soigneusement réuni tous les documents susceptibles d'être consultés avec fruit par les chefs de l'armée expéditionnaire. Aussi le conseil assemblé par ordre du roi n'avait-il qu'à choisir entre les diverses solutions minutieusement élaborées à l'avance.

La dernière expédition de lord Exmouth, celle qui tenait tant au cœur des Anglais qu'ils eussent voulu empêcher la France de réussir là où eux-mêmes avaient échoué, avait démontré d'une manière absolue l'impossibilité de réduire Alger par un bombardement ; on savait, en outre, que, dans la prévision d'une guerre nouvelle, Omar-pacha et ses successeurs avaient fait élever près du môle de solides fortifications défendues par une artillerie formidable.

Le conseil renonça donc à l'idée de bombarder exclusivement la ville, et revint à un plan soumis à Napoléon Ier par le capitaine Boutin, lequel demandait une attaque simultanée par terre et par mer et indiquait la presqu'île de Sidi-Ferruch comme point de débarquement.

On avait, depuis plusieurs mois, fait appel aux lumières du conseil d'amirauté; mais les côtes du nord de l'Afrique, jusqu'alors mal étudiées et peu connues, étaient réputées si dangereuses, que la plupart des amiraux et des officiers supérieurs de la marine avaient désapprouvé l'expédition. Seul, le vice-amiral Duperré avait été d'un avis contraire; et comme le roi appréciait à leur juste valeur sa bravoure et son expérience, il l'avait désigné pour commander la flotte sous les ordres du commandant en chef, lieutenant général comte de Bourmont.

Celui-ci était donc en parfaite communion d'idées avec le chef de l'escadre et avec les généraux en sous-ordre, et aucune difficulté sérieuse ne se présenta au cours de la discussion des mesures à prendre pour réduire à merci Hussein-pacha et les pirates algériens.

Après que toutes les éventualités eurent été examinées, le conseil se prononça à l'unanimité pour l'adoption du rang de bataille, des effectifs et du projet de débarquement qui lui étaient soumis.

Nous avons raconté plus haut comment étaient compris les deux premiers.

Quant au plan de débarquement, il était simple.

L'armée devait aborder en forces imposantes la presqu'île de Sidi-Ferruch à quelques kilomètres d'Alger, repousser les troupes turques ou arabes qui voudraient s'opposer à la marche de nos troupes, et fondre sur Alger. Si la ville refusait de se rendre, on ouvrirait contre elle la tranchée, tandis que les grosses pièces de la flotte détruiraient les ouvrages du port et incendieraient la capitale.

La suite de la campagne ne pouvait être prévue d'avance. Elle dépendait essentiellement de la tournure des premiers événements. En tous cas, tous les chefs de l'armée étaient d'avis de pousser les choses à fond et d'annexer définitivement à la patrie française la côte septentrionale de l'Afrique.

« Eh bien, monsieur l'aumônier, êtes-vous satisfait ? demanda au Père André le lieutenant général de Bourmont, lorsque, la séance levée, les membres du conseil échangèrent entre eux des conversations particulières.

— Mille fois content, mon général, répondit le Père ; je n'aurais jamais osé espérer un tel résultat : la France prenant définitivement possession de ce beau pays d'Alger, remplaçant le Croissant par la Croix et important la civilisation dans ces régions désolées par la barbarie. Mais l'ombre au tableau, ce sont les existences humaines que coûtera la conquête et...

— Bah ! bah ! monsieur l'aumônier, c'est notre rôle de se faire tuer ; et puis, entre nous, il y en a tant qui en réchappent ! Voyez les survivants des guerres de l'Empire. On ne voit plus qu'eux. Et, ajouta-t-il plus bas en riant, ils donnent du fil à retordre au gouvernement. Quand je songe que mon poste de ministre était si jalousé ! ils ne savent pas ce qu'ils désirent, les ambitieux ; avec quel bonheur je leur abandonne mon portefeuille ! Mais pardon, mon cher aumônier ; voilà que je vous parle politique, à vous, qui êtes charité et abnégation. A propos, j'ai donné des ordres pour qu'on vous aménageât au ministère un bureau spécial. Vous recevrez des instructions pour centraliser tout ce qui concerne le service de l'aumônerie, et vous serez, à cet égard, sous les ordres de M. le général Desprez, chef d'état-major général. Au revoir, monsieur l'aumônier, et à bientôt. »

Le commandant de l'armée d'Afrique se retira, emmenant avec lui les généraux de division et son état-major particulier.

Peu à peu la salle du conseil se vida. Tous en partant avaient serré la main du missionnaire, lui témoignant par leurs affectueuses paroles le plaisir qu'ils éprouvaient de le savoir définitivement des leurs.

VIII

LA FUITE D'ABDALLAH

Il était près de deux heures lorsque le Père André sortit de l'hôtel du ministère.

« Pauvre Abdallah, pensait-il, s'il m'a attendu pour déjeuner, les heures ont dû lui sembler longues. »

Le missionnaire lui-même, bien que son corps fût accoutumé à toutes les privations, sentait le besoin de se réconforter. Dans sa hâte de se rendre à la convocation de M. de Polignac, il n'avait point comme d'habitude pris le frugal déjeuner que lui servait, chaque matin après la messe, la vieille servante chargée du ménage. Aussi de violents tiraillements d'estomac rappelaient-ils au nouvel aumônier que l'heure du repas de midi était depuis longtemps passée et lui faisaient-ils hâter sa marche vers la rue de l'Arbre-Sec, où il avait élu domicile.

Soudain, au moment où, après avoir franchi la Seine, au pont de la Concorde, il tournait à droite pour longer la rivière et rejoindre, en suivant le jardin des Tuileries, la colonnade du Louvre et la rue Saint-Honoré, une joyeuse exclamation lui fit lever la tête.

« Comment! c'est toi? tu es à Paris? Par quel hasard?

— Cher ami! répondit le Père André, serrant affectueusement les mains de son interlocuteur. Quelle joie aussi de te revoir! mais je suis horriblement pressé. Accompagne-moi jusque chez moi; je te raconterai en marchant par suite de quelles circonstances j'ai dû quitter momentanément mes Africains, pas pour longtemps, j'espère, ajouta-t-il avec un soupir. Et tiens, à propos d'Africains, tu vas en voir un, un vrai que j'ai ramené de là-bas! Et il ne doit pas être de très bonne humeur, le jeune Abdallah; figure-toi qu'il m'attend pour déjeuner et il va être trois heures.

— Comment! tu n'as pas encore déjeuné?

— Non, pas encore.

— Ah! pauvre malheureux. Hâtons-nous alors. Et moi qui te faisais perdre ton temps! »

Les deux amis pressèrent le pas. En quelques mots le Père André mit son interlocuteur au courant des événements qui l'avaient amené à Paris.

« Et toi, termina-t-il, lorsqu'il eut raconté ses entrevues avec le roi et le président du conseil, qu'es-tu devenu depuis notre séparation, il y a quinze ans de cela?

— Oui, quinze ans. La dernière fois que je t'ai vu, c'était quelques jours après Waterloo; tu venais d'être ordonné prêtre et tu partais pour Rome compléter tes études théologiques. Moi, j'étais encore au corps des pages de l'empereur. Lorsque la terrible nouvelle arriva à Paris, un décret venait de nous nommer sous-lieutenants. J'avais été affecté à un régiment de dragons dont le dépôt se trouvait à Libourne. Je pris la malle de Bordeaux et je rejoignis mon poste; mais les événements se précipitaient;

quelques jours après le télégraphe annonçait l'abdication de l'empereur et le retour de Louis XVIII. Puis arriva le licenciement de l'armée impériale, et avec tous mes camarades je fus mis en demi-solde et j'y suis encore. Tu vois que je n'ai pas longtemps porté l'épaulette.

— Mais, interrompit le Père André, on a cependant rappelé bien des officiers à l'activité. Tu n'as donc pas fait de démarches?

— A quoi bon? répondit l'ancien page. Tu comprends que mon titre de page de l'empereur n'était pas précisément une recommandation. Et puis, il aurait fallu intriguer, faire des courbettes, passer mon temps dans les antichambres. S'il y avait eu une guerre, je ne dis pas. Mais le service en temps de paix... J'aime mieux ma liberté. Mes parents m'ont laissé largement de quoi vivre. Je bats le pavé du matin au soir. S'il fait beau, je monte à cheval et vais galoper dans les bois de Meudon et de Viroflay; si le temps est par trop mauvais, je retrouve à la Rotonde les anciens de la garde, les demi-solde, ceux qu'on appelle bien injustement les brigands; et là, le temps se passe à jouer aux dominos et à dire le plus de mal possible du gouvernement. Ajoute à cela les heures des repas, le temps de lire quelque journal, le théâtre ou l'opéra, quand il y en a, et tu verras, tous comptes faits, que je suis un des hommes les plus occupés de Paris.

— Oh! occupé! dit le prêtre en souriant. Enfin, le jour où je te revois après quinze ans de séparation, je ne veux pas te faire de morale comme autrefois. Mais tu n'y perdras rien; je te préviens que je suis à Paris pour plusieurs mois encore et qu'en ma qualité d'aumônier militaire je te forcerai à écouter mes sermons. D'ailleurs, nous allons avoir la guerre; c'est le moment de reprendre du service, et si tu le veux bien ce ne sera pas très difficile. Tu n'auras ni courbettes ni sollicitations à faire. Rien qu'une requête écrite; je me charge du reste. Et j'aurais bien de la malechance si l'on me refuse la seule chose que je demanderai. D'ailleurs nous en reparlerons. Nous voici arrivés. »

Effectivement, tout en causant, le prêtre et le demi-solde, comme il s'intitulait lui-même, étaient parvenus au coin de la rue Saint-Honoré et de la rue de l'Arbre-Sec.

La maison dans laquelle le Père André et Abdallah avaient élu domicile occupait presque l'angle des deux rues, face à l'emplacement sur lequel s'élevait naguère l'hôtel de l'amiral de Coligny. Deux petites chambres, une petite cuisine et un cabinet de débarras constituaient tout l'appartement.

Une femme de ménage, la mère Mariette, venait deux fois par jour préparer les repas et mettre de l'ordre dans le modeste intérieur.

« Je te montre le chemin, c'est au quatrième, » cria le Père André en s'engageant dans l'étroite allée.

Les deux amis montèrent en silence l'escalier, faiblement éclairé par des ouvertures donnant sur une cour intérieure.

« Ouf! nous y voilà. Mais je n'entends pas Abdallah! »

En effet, l'appartement était vide. Dans la première pièce, servant à la fois de salle à manger, de salon et de cabinet de travail, le couvert était mis; un seul couvert.

Tout était d'ailleurs fort en ordre; la mère Mariette avait passé par là.

Dans la seconde chambre personne non plus. Abdallah était absent.

« Il se sera sans doute ennuyé d'attendre, observa sans la moindre inquiétude le Père André. Mariette l'aura fait déjeuner et l'aura emmené avec elle pour le distraire. Elle le ramènera ce soir pour le dîner. Je ne t'offre pas de partager mon déjeuner, ajouta-t-il, s'adressant au demi-solde; pourtant si le cœur t'en dit...

— Merci, répondit l'autre en riant, mais ton menu est par trop frugal; d'ailleurs j'ai fort bien déjeuné; et lorsque tu m'as rencontré tout à l'heure, je faisais tout bonnement ma digestion, chose qui, je l'avoue, occupe une bonne partie de mon après-midi.

— Mon menu frugal! Si la brave Mariette t'entendait! Mais regarde, épicurien dédaigneux : du veau froid, une salade de pommes de terre et du fromage. Quand nous serons en Afrique, nous n'en aurons sans doute pas tous les jours autant. D'ailleurs je n'insiste pas et je ferai honneur sans toi au festin de Mariette. »

Et le Père attaqua de bon appétit le déjeuner préparé par la vieille servante.

Le repas fut rapidement expédié; à l'encontre de l'ancien page, le Père André n'aimait point s'éterniser à table.

Et la conversation reprit de plus belle, les deux amis ayant mille souvenirs à évoquer depuis l'heureuse époque où, insouciants de l'avenir, ils faisaient ensemble leurs études ecclésiastiques sous la direction des bons prêtres de l'Oratoire, jusqu'au jour où la destinée les avait séparés, jetant l'un dans une cellule du grand séminaire, l'autre à la caserne des pages de l'empereur.

Cependant les heures s'étaient écoulées rapides sans que les deux amis s'en aperçussent; ils avaient tant à se dire! Et les souvenirs d'enfance faisaient place aux scènes de jeunesse, tant et si bien que l'ombre du soir avait peu à peu envahi le petit appartement sans que l'un ou l'autre songeât même à en faire la remarque.

Un bruit de pas, une voix familière interrompirent la conversation.

« Vous êtes là, monsieur l'abbé, et sans lumière encore! Pauvre de moi, je suis en retard aujourd'hui; mais attendez, j'allume.

— Ah! c'est vous, mère Mariette; vous ramenez Abdallah?

— Abdallah! Nenni, monsieur l'abbé, je ne l'ai point vu de la journée. Je croyais bien que vous l'aviez emmené. »

Le Père André bondit et se précipita vers la cuisine où la mère Mariette se mettait en devoir de préparer une lampe.

« Mère Mariette, s'exclama-t-il d'une voix altérée par l'angoisse, que me dites-vous là! *L'*enfant n'est pas avec vous? Mais alors qu'est-il devenu? »

La détresse du prêtre surprit la vieille brave femme.

« Ne vous inquiétez point, monsieur l'abbé, fit-elle; le gamin sera sorti sans doute pour se désennuyer. Il ne tardera pas à rentrer, et au pis aller il se sera égaré dans Paris; mais soyez tranquille, on le retrouvera. Il est facilement reconnaissable avec son costume de mécréant. »

Et la vieille femme se signa, car bien qu'Abdallah assistât régulièrement aux offices, qu'il fit scrupuleusement sa prière du matin et du soir et ne manquât point, à l'exemple du Père, de dire son bénédicité et ses grâces, elle ne pouvait admettre que le jeune Kabyle fût un chrétien de même nature que les bandes de gamins auxquels les frères de la Doctrine inculquaient avec les rudiments de grammaire les principes de la religion catholique.

Mais la confiance de la vieille servante était loin d'être partagée par le missionnaire.

Mille souvenirs lui revenaient en ce moment à l'esprit. D'abord il n'y avait pas attaché la moindre attention, et maintenant ils prenaient à ses yeux une importance énorme, se rattachant, s'enchaînant les uns aux autres avec une impitoyable logique, d'où découlait cette conclusion : Abdallah s'ennuyait, Abdallah s'était enfui, Abdallah était perdu.

« Voyons, mon ami, » dit soudain la rude voix de l'ex-page.

Le Père André tressaillit et releva la tête, repris par la réalité.

« Voyons, il ne servirait de rien de se désoler. D'autre part il serait tout à fait inutile de commencer des recherches ce soir. Tu vas donc me faire le plaisir de te calmer. Tu as ton bréviaire à dire, un travail quelconque à faire, bref de quoi t'occuper quelque temps. L'heure de ton dîner arrivera. Tu n'y toucheras pas, c'est probable, mais ce sera encore une demi-heure gagnée. Puis tu te coucheras, et demain à l'aube nous nous lancerons à la recherche de ton moricaud. Je serai ici à six heures du matin, mais dès ce soir je vais aller m'informer du gamin dans deux ou trois commissariats et à la permanence de la préfecture. S'il y a quelque chose de nouveau, je reviendrai te prévenir; sinon, à demain. Ne me reconduis pas; je sais le chemin. »

Et le soldat serra affectueusement la main de son ami,

assura d'un geste brusque son chapeau de grognard et sortit en bougonnant : « Sacré moricaud! »

La nuit se passa tristement dans le petit appartement de la rue de l'Arbre-Sec. Mariette s'était retirée vers huit heures, désespérée de voir son maître faire si peu d'honneur à son dîner.

Suivant les conseils de son ami, le missionnaire avait fait ses oraisons quotidiennes, cherchant dans la prière l'oubli de son angoisse; mais à mesure que les heures s'écoulaient, celle-ci devenait plus poignante, plus cruelle, et l'âme du prêtre en était peu à peu envahie.

Onze heures, puis la demie, puis minuit sonnèrent à Saint-Germain-l'Auxerrois. Peu à peu tous les bruits de la rue s'étaient éteints; à peine si dans le lointain on entendait la voix éraillée d'un ivrogne regagnant cahin-caha son domicile, ou les pas cadencés des patrouilles veillant à la sécurité de la grande ville.

Le Père André, accablé de fatigue, s'était assoupi. Soudain le timbre de l'horloge retentit de nouveau, et les vibrations de l'unique coup allèrent, se répercutant à l'infini, dans les rues désertes.

« Une heure, » soupira le prêtre, brusquement réveillé et consultant sa montre à la lueur mourante de la lampe.

Et, se levant d'un mouvement automatique, il alla se jeter tout habillé sur son lit...

« Eh bien, dormeur! Eh bien! il fait grand jour et nous avons de la besogne aujourd'hui. »

Le missionnaire se réveilla en sursaut; la grosse voix du demi-solde faisait trembler les vitres, tandis que ses larges et puissantes enjambées communiquaient aux meubles de la chambre une trépidation inusitée.

« Le faire arrêter ! y penses-tu ? »

Le Père André s'était dressé sur son séant, et ses yeux interrogateurs, fixés sur ceux de son ami, imploraient une réponse tranquillisante.

« Rien, dit l'autre d'une voix brusque, ton Arabe s'est envolé. Mais nous allons le repincer et gare à ses oreilles, » ajouta-t-il, essayant de sourire pour se donner contenance, mais ne parvenant qu'à ébaucher une effroyable grimace.

Le prêtre avait pâli.

« Non, rien, continua l'officier. J'ai trotté toute la nuit; j'ai visité les commissariats. Dans l'un on a voulu me retenir, il paraît que ma tête ne leur revenait pas; enfin ils ont fini par me relâcher après avoir pris mon adresse. J'ai donné la tienne avec tes références, aumônier de M. le lieutenant général de Bourmont. Cela les a médusés. Et maintenant déjeunons et en route pour la préfecture. Si tu m'en crois, nous allons faire jouer le télégraphe dans toutes les directions, et ce sera bien le diable si on ne le rattrape pas, ton Arbi. A-t-il de l'argent?

— Peu de chose, dit le prêtre.

— Tant mieux, il n'aura pas pu prendre la diligence. D'ailleurs la gendarmerie de Sa Majesté ne le laissera pas aller bien loin avec son costume de païen. Allons, déjeunons.

— Déjeune, toi, répondit le Père André. Je vais dire ma messe, et dans trois quarts d'heure au plus tard je te retrouverai ici.

— Tu as raison, avec le télégraphe nous serons rapidement informés. »

Un peu rassuré par la confiance de son ami, le missionnaire descendit, prenant d'un pas agile le chemin de l'église Saint-Germain-l'Auxerrois.

C'était là que, depuis son arrivée à Paris, il célébrait tous les jours la messe, une des plus matinales qui se disent en ce quartier de la capitale.

« Ah! monsieur l'abbé, je craignais que vous fussiez malade, s'écria, lorsqu'il entra dans la sacristie, le vieux bedeau de la paroisse. Voyez, il est près de sept heures.

— C'est vrai, mon brave Sylvain; je me suis attardé ce matin. Édouard est-il là? »

Édouard était l'enfant de chœur qui servait tous les matins la messe au Père André.

« Édouard est parti, monsieur l'abbé; il a servi la messe de M. le premier vicaire, et il l'a accompagné porter le bon Dieu à un malade. Mais je vais vous servir la messe moi-même. Ah! mon Dieu, et moi qui oubliais, s'écria soudain le vieux bedeau, se frappant le front. Voici une lettre qu'on a apportée hier pour vous; un homme d'un certain âge, pas très bien vêtu. Il n'a pas voulu se nommer et a dit qu'il n'y avait pas de réponse, que monsieur l'abbé saurait bien... »

Et, sans remarquer l'émotion du prêtre et son tremblement de main en recevant la lettre, le père Sylvain prépara les ornements sacerdotaux, remplit les burettes et les porta dans l'église à la droite du petit autel, celui auquel le Père André célébrait sa messe d'habitude. Puis il alluma les cierges et rentra à la sacristie.

« Tout est prêt, monsieur l'abbé, » dit-il à demi-voix.

Sans répondre, le Père s'inclina devant le crucifix et pénétra dans l'église, précédé du bedeau. Celui-ci ne s'était point aperçu qu'une grosse larme avait jailli des yeux du prêtre et était allée se perdre dans l'étoffe soyeuse et dorée de la chasuble.

Trois quarts d'heure plus tard, comme il l'avait promis, le missionnaire rentrait à son logis de la rue de l'Arbre-Sec. Son compagnon, doué d'un robuste appétit, avait consciencieusement dévoré les reliefs de la veille et fumait philosophiquement à la fenêtre.

« Tu es digne d'être soldat, cria-t-il gaiement, lorsque son ami pénétra dans la chambre. C'est de l'exactitude militaire et... Mais qu'as-tu? ajouta-t-il en voyant la figure grave et triste du Père André. Mauvaises nouvelles? »

Sans répondre, le Père lui tendit la lettre que lui avait remise le bedeau.

« Lis! » dit-il simplement.

L'officier lut à mi-voix :

« Père, écrivait Abdallah, car la lettre était de l'enfant; Père, pardonne-moi. Je sais que tu vas avoir du chagrin, que tu m'accuseras peut-être d'être un ingrat et d'oublier tes bontés. Mais je ne puis plus résister; il faut que je parte. Je m'ennuie dans ton grand Paris; si j'y restais, je sens que je mourrais. Je veux revoir mon pays, les orangers, le beau soleil et la mer. Lorsque je suis parti avec toi, je croyais pouvoir oublier tout cela; j'ai essayé, je n'ai pas pu. Tu m'as dit que tu reviendrais bientôt à Alger avec les soldats français. Si c'est vrai, je te reverrai; je serai le premier à t'embrasser quand tu arriveras, et alors je ne te quitterai plus tant que tu resteras dans mon pays. Mais ne crains pas que je raconte aux soldats du dey tout ce que j'ai vu ici. Tu m'as appris à être discret. N'aie pas peur non plus que j'oublie la religion que tu m'as enseignée. Tous les jours, tant que je serai loin de toi, je dirai matin et soir la prière des chrétiens pour que tu sois heureux et que tu reviennes bientôt. Et maintenant, si tu m'aimes, Père, ne dis à personne que je suis parti. Je sais bien que, si tu veux, les soldats me rechercheront et me ramèneront à Paris. Mais à quoi cela te servira-t-il, si j'y meurs de chagrin et d'ennui? A bientôt, Père, et pardonne-moi.

« ABDALLAH. »

La lecture terminée, l'officier laissa échapper un juron sonore.

« Par l'empereur, dit-il, ton négrillon ne manque pas de toupet. Ça n'est pas encore plus haut que ça et ça veux courir le monde! Mais c'est qu'elle n'est pas mal tournée, sa lettre! Je te félicite, tu lui as donné de l'orthographe, mais pas de calligraphie, par exemple. Dieu! quelle écriture! »

En effet, le pauvre Abdallah n'était jamais parvenu à tracer correctement les caractères français, et malgré tous ses efforts avait conservé une grosse écriture maladroite qui contrastait singulièrement avec les idées qu'elle exprimait. L'intelligence de l'enfant s'était développée; la main était restée lourde et inexpérimentée.

« En tous cas, nous voilà fixés, continua l'officier; c'est du côté du sud qu'il faut chercher; ton gamin ne doit pas être loin. Nous allons donner à la préfecture son signalement, dans quarante-huit heures la gendarmerie t'aura ramené le fugitif. Déjeune et partons. »

Mais le missionnaire hocha tristement la tête.

« Non, dit-il, je connais Abdallah; s'il a eu le courage de me quitter, moi qu'il aimait plus que tout autre au monde, c'est qu'il ne pouvait réellement plus vivre ici.

Et puis, le vois-tu ramené par la gendarmerie? L'enfant est fier. Son affection se changerait en haine, son respect en mépris. Je l'ai vu à l'œuvre; il est d'une intelligence et d'une vigueur physique supérieures à son âge. A présent que je connais ses projets et son but, je n'ai plus d'inquiétude si j'ai encore de la tristesse. Et puis, vois-tu, rien n'arrive que par la volonté de la Providence. J'ai l'intime conviction que j'irais à l'encontre de ses décrets mystérieux si je faisais arrêter l'enfant. Le faire arrêter! Y penses-tu? Lui qui m'a fait évader de ma prison, lui qui m'a sauvé la vie. Non, non. Pauvre petit Abdallah! va en paix, que Dieu te protège et te reconduise sain et sauf dans ton pays. »

Et le bon prêtre essuya furtivement ses yeux humides.

« Ma foi, conclut l'ancien page, tu as peut-être raison. Laisse courir ton négrillon; les voyages ça forme la jeunesse. C'est égal, j'aurais eu fameuse envie de le connaître, ton héros de treize ans.

— Eh bien! viens en Afrique, je te garantis que tu le verras; il a promis d'être le premier à nous saluer à l'arrivée, et il tient ses promesses.

— Peuh! ton argument ne me touche qu'à moitié; j'avoue que s'il n'y avait qu'Abdallah, ce ne serait pas une raison suffisante pour reprendre du service et aliéner ma liberté. Enfin nous verrons, et puisque tu es bien en cour, si je me décide tu m'appuieras. »

Le Père André fit un signe affirmatif.

« Et maintenant que je ne puis plus t'être utile, je me sauve. Voilà vingt-quatre heures que je n'ai pas vu mon cheval ni mes amis de la Rotonde. Ils doivent penser, ces derniers tout au moins, que j'ai eu quelque méchante histoire et que je pourris dans un cachot de Vincennes. Au revoir, je vais donner du sucre à l'un et rassurer les autres. Tu as mon adresse, 28, rue de Grenelle-Saint-Germain, et je sais qu'on te trouve tous les matins ici.

— Jusqu'à neuf heures seulement, répliqua le missionnaire. A neuf heures et demie je dois être tous les jours au ministère à la disposition de M. de Bourmont et de l'état-major.

— C'est vrai, je ne pensais plus à ta récente dignité. Allons, au revoir. »

Les deux amis échangèrent une affectueuse poignée de main, et tandis que le demi-solde se rendait à pied en flânant à son écurie, le nouvel aumônier s'absorba dans la confection d'une notice sur les environs d'Alger, que lui avait demandée le chef d'état-major de l'armée expéditionnaire.

A neuf heures et demie précises il prenait possession du bureau aménagé pour lui au ministère de la guerre.

IX

SUR LA ROUTE

Quel d'entre nous n'a cent fois rencontré dans les rues de Paris ces Orientaux coiffés du turban, drapés dans un ample burnous, avec, aux pieds, des bas blancs et de bizarres chaussures de maroquin jaune ou rouge.

Ils transportent, à travers la grande ville, des tapis aux brillantes couleurs, des chapelets de noyaux d'olives, des parfums capiteux et des babouches brodées d'or.

Souriants, obséquieux, ils déambulent lentement, s'arrêtant aux terrasses des cafés, offrant aux consommateurs, avec mille gestes et dans un langage étrange, leur marchandise exotique.

Ces négociants sont des Mzabis ou Mozabites, c'est-à-dire originaires du Mzab, contrée située à plus de deux cents lieues d'Alger, dans l'intérieur des terres.

Ils ont le front haut, plutôt étroit que large, les yeux obliques et impénétrables, la lèvre mince, dédaigneuse, estompée d'une légère moustache, le menton pointu et couvert de quelques poils. Ils sont généralement d'une taille moyenne; leurs membres sont grêles et cependant robustes.

En Afrique, ils exercent les professions de bouchers,

d'entrepreneurs de charrois, de baigneurs, de menuisiers, de négociants et de banquiers.

Quelques-uns s'embarquent sur des navires de commerce et vont en Espagne ou bien en Italie exercer leur industrie ; puis ils passent les monts, arrivent en France et gagnent Paris, où ils trouvent facilement à écouler leur pacotille.

Très sobres, très économes, ils réalisent rapidement un petit pécule à l'aide duquel ils étendent leurs opérations.

Des correspondants juifs ou maures leur expédient de nouvelles marchandises, celles qu'ils vendent eux-mêmes par les rues pour s'épargner des frais de magasins et d'employés. Et après quelques années ils repassent la Méditerranée pour faire fructifier dans leur pays l'argent gagné à l'étranger.

C'est avec un de ces Mozabites qu'Abdallah avait quitté Paris.

L'enfant avait un jour aperçu son futur compagnon de voyage traversant, passablement chargé, la rue Saint-Honoré.

La similitude du costume, l'affinité de race, l'avaient poussé à lui offrir son aide, et sur un signe d'acquiescement Abdallah avait débarrassé le Mozabite d'un lourd tapis qu'il lui avait transporté jusqu'au coin du Palais-Royal.

Les deux indigènes avaient longuement bavardé. Madhani, — c'était le nom du marchand, — était sur le point de retourner en Afrique. Déjà même il aurait quitté Paris si la maladie de son fils, du même âge qu'Abdallah, ne l'avait point retardé.

Tout était prêt pour le départ : des marchandises

encombrantes, il ne restait plus que deux tapis et quelques narghilés ; mais Madhani était en pourparlers avec un compatriote pour les lui céder au prix coûtant si, le jour du départ, il n'avait pu les vendre à un amateur. Tout le reste, colliers de sequins, soucoupes de cuivre, flissas, verroterie kabyle, prendrait place dans un vaste bissac et serait vendu en cours de route aux habitants des villes que l'on traverserait.

La rencontre d'un de ses compatriotes avait profondément bouleversé Abdallah.

Depuis son arrivée en France, le petit Kabyle se mourait d'ennui ; les conversations quotidiennes qu'il avait maintenant avec le Mozabite, pendant que le Père André vaquait à ses occupations, n'avaient fait qu'augmenter sa nostalgie de l'Afrique. Ses entretiens avec Madhani roulaient sans cesse sur le beau soleil d'Algérie, la mer bleue, les marabouts étincelants ; et le pauvre Abdallah sentait chaque jour son chagrin s'augmenter en même temps que l'idée de fuir Paris et la France s'ancrait de plus en plus dans son esprit.

Il n'avait jamais osé conter son angoisse au Père André. Celui-ci était loin de se douter de ce qui se passait dans la tête et dans le cœur de son fils adoptif.

L'enfant avait raconté incidemment sa rencontre avec un compatriote. Mais le missionnaire n'avait pas fait grande attention à ce détail, et l'avait bientôt oublié.

Un jour, Madhani arriva triste et grave à son poste de prédilection, le coin du Palais-Royal. Abdallah s'y trouvait déjà.

« Qu'as-tu ? demanda l'enfant. Mohamed va plus mal ? »

Le Mozabite fit un geste désolé.

« Mohamed est mort avant-hier, dit-il gravement. On l'a enterré hier. C'est pourquoi tu ne m'a pas vu depuis deux jours. Et tu ne me verras plus demain. Je vais partir pour Marseille et rentrer dans mon pays.

— Emmène-moi ! emmène-moi ! s'écria impétueusement Abdallah. Moi aussi je veux revoir mon pays. Puisque Mohamed est mort, tu n'es plus personne pour t'aider. Vois, je suis très fort, je porterai le bissac. Tu consens, Madhani ; dis-moi que tu consens. »

Le Mozabite réfléchissait.

« Mais que dira ton Père André? objecta-t-il. S'il te fait rechercher, il te retrouvera, et moi je serai puni.

— Non, non, n'aie pas peur. J'écrirai au Père, je le supplierai de ne rien dire; il est bon, il ne voudra pas qu'il t'arrive du mal. »

Sans plus réfléchir, Madhani avait accepté. Les deux amis s'étaient donné rendez-vous, pour le lendemain, devant l'église Saint-Germain-l'Auxerrois. Abdallah écrirait sa lettre, que le Mozabite ferait remettre à la sacristie par un des mendiants qui encombrent le porche de l'église. Ensuite les deux Algériens prendraient tranquillement la route du sud.

Tout alla comme les deux voyageurs l'avaient prévu. Précisément, le lendemain, le Père André devait dire sa messe de très bonne heure et se rendre ensuite chez M. de Polignac et au conseil de guerre.

A peine avait-il quitté la maison, qu'Abdallah se hâtait de griffonner sur une feuille de papier la lettre que nous avons lue tout à l'heure.

Quelques instants plus tard, il rejoignait Madhani ; l'enveloppe renfermant les adieux de l'enfant était remise au bedeau. Et, passant la Seine au Pont-Neuf, les voyageurs se dirigeaient vers la barrière de Fontainebleau et sortaient de Paris.

Nos deux amis allaient lentement, à petites journées, en gens convaincus qu'à chaque jour suffit sa peine, et sans se préoccuper le moins du monde de l'époque à laquelle ils arriveraient au port d'embarquement.

Que leur importait, d'ailleurs? ils étaient libres, dénués de soucis et à l'abri du besoin, grâce au petit pécule amassé par Madhani, grâce aussi aux libéralités que la gentillesse d'Abdallah attirait aux voyageurs à chaque gîte d'étape. Il était bien rare qu'un hôtelier des faubourgs des villes traversées n'offrît point gratuitement le souper et le gîte pour la nuit aux deux Arabes. Ceux-ci reconnaissaient l'hospitalité en se rendant utiles au personnel de l'auberge. Madhani aidait à charger ou décharger les voitures; Abdallah conduisait les chevaux à l'abreuvoir, leur faisait le pansage ou nettoyait l'écurie; et quand, le lendemain, les voyageurs reprenaient la route du sud, ils constataient souvent que le bissac était alourdi par un énorme pain et par les reliefs du repas de la veille. L'hôtesse avait voulu assurer ainsi le déjeuner. A l'aube, le personnel de la cuisine et des écuries entourait les voyageurs, et au moment de quitter la maison hospitalière de cordiales poignées de mains s'échangeaient. Madhani mettait gravement la main sur son cœur; Abdallah, passé de bras en bras grâce à sa petite taille, était embrassé par tous ces braves gens, tandis que de toutes les bouches sortait une exclamation pleine de familière bonhomie:

« Au revoir et bon voyage, les moricauds. »

Et ils allaient; ils allaient toujours, évitant les grandes

villes, s'arrêtant quand ils se sentaient las, au gré de leur fantaisie, parlant de leurs pays, de la Casbah aux maisons blanches, du cruel Ahmed et des janissaires. Abdallah contait à son compagnon les circonstances qui l'avaient amené en France, la bonté du Père André ; et parfois, lorsque le nom de son bienfaiteur lui montait du cœur aux lèvres, l'enfant s'arrêtait angoissé.

« S'il n'allait pas me pardonner ? » disait-il dans un sanglot.

Mais l'insouciance de son âge reprenait vite le dessus ; d'ailleurs, Madhani le consolait, le réconfortait. Et puis l'air était pur, le soleil brillant ; c'était plus qu'il n'en fallait au petit Arabe pour oublier ses chagrins et faire taire ses remords d'avoir si cavalièrement abandonné son bienfaiteur.

« Au nom de la loi, » dit soudain une grosse voix.

Les voyageurs se retournèrent effrayés. Deux superbes gendarmes à l'uniforme étincelant, aux moustaches terribles, foudroyaient du regard les pauvres Arabes.

« Qui êtes-vous? d'où venez-vous? où allez-vous ? » continua la voix, celle du brigadier sans doute, car l'autre militaire, hiérarchiquement planté à un pas en arrière, se contentait d'approuver de la tête les paroles de son compagnon.

Bien que n'ayant rien à se reprocher, Madhani craignait instinctivement les gendarmes ; et la brusquerie avec laquelle l'avaient interpellé ces braves représentants de l'autorité l'avait instantanément privé de toutes ses facultés, de sorte qu'il restait ahuri, hébété et aphone devant le superbe Pandore.

« Rien à répondre ! mauvais signe, continua le brigadier. Alors, mes gaillards, vous n'êtes pas en règle. En route pour chez M. le maire, il vous expliquera que lorsqu'on circule sur les grands chemins sans avoir de papiers, on risque fort d'aller coucher en prison. »

Le mot de prison délia soudain la langue de Madhani :

« Pourquoi prison ? dit-il dans son argot. Nous, pas prison, nous papiers en règle ; nous passeport.

— Mais oui, interrompit Abdallah, qui, plus habitué aux mœurs françaises, n'avait point de l'uniforme des gendarmes une terreur aussi irraisonnée que celle de son compagnon. Nous avons un passeport, mon père et moi, et tenez, le voilà. »

En effet, l'enfant sortit du bissac un petit paquet soigneusement ficelé dans lequel se trouvait le fameux passeport.

Le brigadier lut, soupçonneux, scandant les mots, s'écoutant parler, tandis que, s'avançant timidement, hiérarchiquement, son compagnon jetait sur le papier officiel un regard discret.

« C'est ma foi en règle, conclut le représentant de l'autorité. Madhani-ben-Belkassem, — fichu nom ! »

L'autre gendarme sourit finement à cette boutade de son supérieur, qui, satisfait, continua :

« Sujet algérien, voyageant avec son fils ; se rend à Marseille par les voies ordinaires. Le préfet de police. Par procuration spéciale, le chef du bureau des passeports. Signé... »

La signature était sans doute illisible, car, après avoir cherché à la déchiffrer, le bon brigadier remarqua judicieusement :

« Il y a le cachet.

— Il y a le cachet, » répéta en écho le second gendarme.

Et les deux militaires continuèrent leur tournée, laissant sur la route nos voyageurs tout rassérénés et ravis de s'en être tirés à si bon compte de leur première entrevue avec les représentants de la force publique.

D'ailleurs, la cérémonie de la présentation du passeport se renouvela désormais si souvent, que bientôt nos Arabes n'éprouvèrent plus la moindre émotion lorsqu'ils voyaient se diriger vers eux un brigadier et son inévitable acolyte. Et Abdallah en était arrivé à narguer les braves Pandores en leur disant de sa voix flûtée :

« Je suis sûr que monsieur le brigadier serait bien aise de voir notre passeport. »

Et il arrivait souvent que le gendarme, désarçonné par l'aplomb du gamin, n'exigeait même pas l'exhibition du fameux papier.

Les voyageurs arrivèrent ainsi sans encombre aux faubourgs de Lyon, où ils séjournèrent pendantquelques jours.

Comme nous l'avons vu, ils ne se sentaient point pressés d'arriver au terme de leur voyage ; leur insouciance naturelle s'accommodait fort bien des longues flâneries le long des grandes routes : ils savaient qu'ils se dirigeaient vers leurs pays, cela leur suffisait ; quant à l'époque de leur arrivée, ils n'en avaient cure.

D'ailleurs, en bon musulman qu'il était, Madhani ne se préoccupait guère de l'avenir, et bien souvent on s'endormait la veille sans avoir décidé si le lendemain on continuerait sa route ou bien si l'on passerait sa journée à vendre aux badauds de la verroterie kabyle.

Le séjour à Lyon fut fructueux ; nos voyageurs achevèrent d'écouler leur pacotille ; ils se disposaient à partir pour Valence quand une nouvelle imprévue vint modifier leurs projets.

Le brigadier lut, soupçonneux, scandant les mots.

Dans la pauvre auberge de faubourg qui les avait accueillis se trouvait également une bande de bohémiens, montreurs d'ours, rempailleurs de chaises et diseuses de bonne aventure, qui regagnaient leur pays d'origine en passant par l'Italie.

Abdallah n'avait pas tardé à fraterniser avec les gamins de la troupe; il avait même rendu certains menus services au chef de la caravane, en écrivant pour lui quelques lettres et en tirant au clair un compte embrouillé. Aussi la glace était-elle rompue entre les bohémiens et les Arabes, que leurs habitudes nomades devaient nécessairement rapprocher.

La veille de la séparation, au moment où, dans la cour de l'auberge, la caravane s'installait pour la nuit, le chef vint trouver Madhani et Abdallah, qui de leur côté s'apprêtaient à dormir :

« Mes amis, leur dit-il, je viens vous donner un bon conseil. Si vous voulez rentrer dans votre pays, ne continuez pas votre chemin vers Marseille. On ne vous laissera point vous embarquer, à supposer même que vous ne soyez pas arrêtés avant. La France va faire la guerre aux Algériens. Aucun bateau ne partira plus de Marseille ou d'aucun port français sans avoir été visité. Donc, ne vous exposez pas inutilement à la prison. Si vous m'en croyez, vous vous joindrez à nous. La caravane part demain pour Chambéry. Une fois dans les États de Savoie, vous serez en sécurité et vous pourrez continuer votre route sur Turin et sur Gênes. Gênes est un grand port, presque aussi grand que Marseille, mais qui appartient au roi de Sardaigne, et ce pays n'est point en guerre avec le dey d'Alger. Vous pourrez donc trouver là un navire qui vous reconduira en Afrique.

— Qu'en penses-tu, Abdallah? demanda Madhani, lorsque le bohémien eut terminé sa harangue.

— Le chef a raison, riposta l'enfant; il ne faut pas que nous soyons arrêtés dans notre route, ni surtout mis en prison. Chef, nous partons avec toi, ajouta-t-il avec un geste d'autorité qui fit sourire le bohémien. Nous soignerons tes chevaux, nous t'aiderons de toutes les manières possibles, et tu verras que nous te rapporterons plus que nous te coûterons. D'ailleurs, Madhani paiera notre nourriture. »

L'Arabe fit un signe d'assentiment.

« Alors, voilà qui est décidé, dit le chef en se retirant. Demain, départ à cinq heures pour la Savoie.

— A demain, chef. »

Effectivement, la bande de bohémiens quitta Lyon le jour suivant, se dirigeant vers la frontière savoisienne.

On sait qu'à cette époque la Savoie n'appartenait pas encore à la France, et que Chambéry et Annecy ne sont devenus des chefs-lieux de départements français qu'à la suite de la guerre de 1859, où les armées françaises se couvrirent de gloire aux batailles mémorables de Magenta et de Solférino.

Après quelques journées de marche, pendant lesquelles Abdallah conquit l'amitié, non seulement de l'élément humain de la bande bohémienne, mais encore des nombreux animaux qui la composaient, on passa la ligne de démarcation entre les deux pays et l'on entra à Chambéry.

Les bohémiens séjournèrent une semaine dans la capitale de la Savoie, puis reprirent leur route vers la ligne de faîte des grandes Alpes, qu'ils franchirent au mont Cenis. Suse, Turin, Alexandrie, furent les points d'étapes remarquables de leur long voyage. C'est dans cette dernière ville que les Arabes prirent congé de leurs compagnons. Les bohémiens devaient, en effet, continuer leur route vers l'est pour gagner Bologne, Venise, Trieste et Vienne; Madhani, au contraire, et son petit compagnon avaient à piquer droit au sud par la route d'Alexandrie à Gênes, de manière à rejoindre le littoral de la Méditerranée et à s'embarquer pour l'Algérie.

La séparation fut pénible. Les enfants pleuraient en embrassant Abdallah. Le chef de la caravane, Madhani et les hommes restaient graves et tristes. Les femmes sanglotaient. Il fallut pourtant se quitter. Et ce furent sans conviction que tous prononcèrent le mot d'espérance : « Au revoir. »

Dans le cœur de chacun d'eux vibrait implacable et désolé le mot adieu, adieu pour toujours.

Et quel hasard invraisemblable eût pu faire se retrouver un jour ces fils de races différentes que la destinée ramenait, les uns aux froides montagnes de Bohême, les autres aux sables brûlants de l'Afrique?

Laissons maintenant Madhani et Abdallah cheminer lentement vers le rivage de la mer bleue. Les nombreuses étapes qui les conduisirent d'Alexandrie à Gênes ne présentent rien de remarquable. Seules quelques rencontres avec les carabiniers, — ce sont les gendarmes piémontais, — couperont la monotonie de la route. Aux premiers jours de mai, nos voyageurs se trouveront à Gênes, en quête d'un navire qui veuille bien les rapatrier.

En attendant la mise à la voile, car le blocus des côtes d'Afrique par la flotte française a rendu les départs moins fréquents, les deux Arabes travaillent sur le port. Mais ils ne se trouvent plus isolés comme en France. Dans la foule bariolée qui encombre les quais et jette au vent les accents et les jargons les plus divers, se rencontrent des fils de Mahomet, des Turcs, des Levantins, des Couloughlis, des Arabes.

Beaucoup d'entre eux veulent aussi regagner la terre d'Afrique. Et c'est avec des gens de son sang, de sa langue et de sa religion que Madhani espère rentrer dans Alger la Blanche.

Mais tandis que le vieil Arabe invoque Allah, et pour ses ablutions journalières se tourne vers la Mecque, Abdallah n'oublie point la prière quotidienne à Celui qu'adore le Père André, et il supplie le Dieu des chrétiens de lui faire retrouver sur la terre algérienne son bienfaiteur, le missionnaire franc.

Et les jours s'écoulent monotones. Les Africains désespèrent de pouvoir s'embarquer, quand un bâtiment sarde entre dans le port. Il vient compléter sa cargaison, puis repartira pour Tunis et Bône. S'il le peut, il longera la côte algérienne et forcera le blocus français. Si non, il s'arrêtera à Bougie. Mais Bougie, c'est la Kabylie, c'est le pays d'Abdallah ; et par les chemins de montagnes on a vite regagné la banlieue d'Alger. Qu'est-ce que cinquante lieues quand on vient d'accomplir le trajet de Paris à Gênes !

Aussi le marché fut vite conclu. Le capitaine du vaisseau se montra généreux. Voici nos indigènes à bord. La cloche du départ sonne. L'artillerie salue la terre ; les couleurs sont hissées. La mer est belle.

En route pour l'Afrique !

X

EN MÉDITERRANÉE

« Pas encore en tenue, monsieur l'aumônier, » dit une voix sonore, une voix de commandement.

Le Père André se retourna, brusquement arraché à sa rêverie.

« Pourquoi donc en tenue aujourd'hui, mon colonel? L'ordre général nº 16 porte repos pour tout le monde. Y a-t-il de nouvelles instructions?

— Comment, s'il y en a? Vous n'avez donc point reçu l'ordre 17? Il a été expédié ce matin à tous les chefs de services. Grande revue des troupes passée dans l'arsenal par le général en chef, puis défilé et embarquement. M. l'amiral Duperré affirme qu'il faut se hâter; le vent est favorable, mais pourrait changer, à ce qu'affirment ces messieurs de la marine. Et alors nous serions immobilisés sur rade, et nous perdrions un temps précieux que ces brigands d'Algériens mettent, dit-on, à profit. Mais je vous raconterai tout cela après la revue; nous aurons le temps de bavarder pendant que les troupes gagneront les appontements. A tout à l'heure, mon che aumôrnier; vous avez juste vingt-cinq minutes. La revue est à dix heures.

Réunion à la préfecture maritime à dix heures moins cinq. »

Le prêtre et l'officier se serrèrent la main et se séparèrent.

Le Père André se dirigea vers le logement qu'il occupait à deux pas de l'arsenal. Son ordonnance l'attendait bouleversé, un papier à la main.

L'aumônier était en effet sorti de fort bonne heure, persuadé qu'il avait sa journée libre et sans songer à indiquer le lieu où on pourrait le trouver; et, cinq minutes à peine après son départ, un planton de l'état-major avait apporté au chef de l'aumônerie du quartier général l'ordre 17, prescrivant la revue et l'embarquement pour le jour même.

« Je sais, mon brave Burlot, je sais; il y a revue à l'arsenal. Donne-moi ma croix et boucle les cantines.

— Oh! les cantines sont déjà parties, monsieur l'aumônier; la prolonge a passé il y a une heure, et j'avais peur que monsieur l'aumônier fût en retard. Mais puisque monsieur l'aumônier est là, il n'y a pas de mal, » ajouta le brave garçon en épanouissant sa large figure de paysan vendéen.

Le prêtre passa à son cou la chaîne d'argent à laquelle était suspendue une croix, insigne de sa fonction, et gagna le portail monumental par où l'on pénétrait dans l'arsenal maritime.

Le factionnaire porta les armes; en sa qualité d'aumônier du quartier général, le Père André avait droit aux honneurs prescrits pour les officiers subalternes. Le prêtre salua et se dirigea vers un bâtiment sur lequel flottait, à côté du drapeau royal, le fanion de commandement du général en chef.

A dix pas en arrière, maître Burlot suivait portant un sac renfermant les brosses de son maître et divers objets à son usage personnel.

« Tu ne me portes pas les armes, mon pays, dit-il en passant à côté du factionnaire.

— Tu as oublié tes galons, tu repasseras, riposta le soldat, un compatriote de Burlot, et...

— Hé ! là-bas, cria une voix terrible, quand vous aurez fini de bavarder sous les armes... »

Le factionnaire reprit une immobilité de statue.

« Détale, fit-il entre ses dents; c'est l'adjudant de semaine et il n'est pas commode. »

Burlot ne se le fit pas dire deux fois. Tandis que l'adjudant, un gros, court, bedonnant, se précipitait vers le factionnaire, traînant son sabre et bredouillant des menaces au milieu desquelles une oreille exercée eût pu reconnaître les mots de salle de police et de prison, l'ordonnance s'éloignait rapidement, tournait l'angle du mur, longeait le chemin de ronde de l'arsenal et, pénétrant dans l'enceinte par une autre porte, regagnait le local affecté aux ordonnances de l'état-major.

Cet imbécile de Burlot, se disait au même moment le factionnaire gratifié de quatre jours de salle de police par le terrible adjudant de semaine ; il ne pouvait pas passer son chemin sans me parler. Bah ! après tout, quatre jours ce n'est pas la mort d'un homme, et puis peut-être qu'après la revue le général lèvera les punitions.

Et, sur cette pensée consolante, le soldat reprit sa promenade monotone devant le mur de l'arsenal.

Cependant le canon du port et des batteries de la côte tonnait à intervalles rapprochés. La revue commençait.

Lentement, majestueusement le général en chef, escorté d'un brillant et nombreux état-major, passait devant le front des régiments massés dans l'arsenal. Les drapeaux s'inclinaient, les officiers chefs de corps saluaient de l'épée et venaient se placer à la gauche et en arrière du comte de Bourmont, prêts à recevoir ses observations ou ses ordres. Aux derniers rangs de la colonne formée par l'état-major du général en chef et en tête du peloton d'escorte marchaient nos anciennes connaissances, les lieutenants des Orbiers et Muratel, que M. de Bourmont emmenait en Afrique en qualité d'officiers d'ordonnance. Les jeunes gens ne se tenaient pas de joie. Partageant les illusions de l'état-major et de l'armée, ils croyaient n'aller faire en Algérie qu'une simple promenade militaire, quelques semaines au plus après lesquelles on reviendrait à Paris reprendre la situation enviée d'aide de camp d'un maréchal de France.

Car personne ne se serait permis d'émettre à ce sujet le moindre doute; puisque Sa Majesté avait préféré au maréchal duc de Raguse M. le lieutenant général comte de Bourmont, c'était évidemment pour pouvoir bientôt, dans une imposante solennité au Champ-de-Mars, remettre à un de ses plus fidèles serviteurs le bâton étoilé. Et alors, pour les aides de camp pleuvraient les galons et les décorations.

« Tenez donc votre cheval ou gare aux coups de pied! s'écria brusquement des Orbiers, interrompant son bavardage et sa joyeuse excursion aux châteaux en Espagne. Oh! pardon, monsieur l'aumônier, je ne vous avais pas vu, continua le jeune officier lorsque, ayant tourné la tête, il s'aperçut que son apostrophe s'adressait au Père André lui-même.

— Vous êtes tout pardonné, répondit gaiement le prêtre, et d'autant plus facilement que je suis dans mon tort : d'abord, d'avoir oublié que votre jument est un peu chatouilleuse, et ensuite, comme vous le dites, de n'avoir point tenu mon cheval. De sorte que si j'avais attrapé un coup de pied, je ne l'aurais pas volé. Ma seule excuse est que ce grand diable de cheval gagne à la main tant qu'il peut, surtout lorsqu'il sent devant lui son camarade d'écurie qui est, si je ne me trompe, le cheval de M. Muratel.

— C'est vrai, interrompit Muratel. Mais le mal n'est pas sans remède ; placez-vous à côté de nous, monsieur l'aumônier. Nous serons en colonne par trois, au lieu de marcher par deux, voilà tout. Votre cheval sera tranquille, le mien sera ravi de retrouver un camarade; quant à la bique de des Orbiers elle n'aura plus le moindre prétexte à ruades.

— Oh ! ma bique, riposta des Orbiers un peu vexé. C'est la jalousie qui te fait parler, Muratel. Regardez-moi cette croupe, monsieur l'aumônier, cette encolure et ces attaches ; elle est un peu petite, un peu grêle peut-être, mais bique, non ! Pauvre Perdrix, continua le jeune homme s'adressant à sa jument en lui frappant doucement sur l'encolure ; pauvre Perdrix, laisse-les dire ; tu verras les jolies chevauchées que nous ferons ensemble là-bas, et si quelque cheval de l'état-major reste en route, je suis bien certain que ce ne sera pas toi, mais bien plutôt un de ces gros coffres à avoine qui te méprisent parce que tu es un peu ponette. Nous les verrons quand il faudra manger de l'orge ! Nous les verrons, Perdrix ! Seulement pas de ruades, parce qu'on te ferait une réputation de quinteuse. »

La bête flattée allongeait l'encolure, mâchait son mors avec une visible satisfaction, et tournait vers son cavalier sa tête intelligente, comme si elle avait compris la harangue de des Orbiers.

« A propos, continua le lieutenant, avez-vous des nouvelles d'Abdallah, monsieur l'aumônier? En voilà un petit ingrat! Vous brûler la politesse de cette manière, cela sent son Arabe d'une lieue.

— Hélas! non, soupira tristement le Père André; je n'ai pu retrouver sa trace. Lorsque nous avons fait séjour à Marseille, j'ai fait une enquête personnelle auprès de tous les armateurs. La direction du port m'a laissé compulser tous les états d'embarquement ouverts depuis trois mois; j'ai la presque certitude qu'Abdallah ne s'est pas embarqué, ou du moins qu'il n'est pas parti par Marseille. Mais un je ne sais quoi intime me dit que je reverrai cet enfant. En Afrique sans doute; peut-être aura-t-il pris la mer dans un autre port, car son idée fixe était de rentrer dans son pays. Sa lettre d'adieu m'a ouvert les yeux sur une foule de menues circonstances auxquelles je n'avais pas fait la moindre attention. L'enfant avait la nostalgie de l'Afrique. Je n'aurais pas dû l'expatrier, ou du moins, dès que les circonstances l'auraient permis, il aurait fallu renvoyer Abdallah à Alger par un navire neutre. Notre excellent ami M. d'Attili eût pu nous être très utile en la circonstance. Enfin, la volonté de Dieu soit faite! Et que la Providence protège mon pauvre petit Arabe. »

Au souvenir de l'enfant, une grosse larme avait perlé aux yeux du missionnaire. D'un revers de main il effaça brusquement cette marque d'attendrissement.

« Et quand partons-nous? demanda-t-il changeant la conversation.

— Mais sans doute demain, répondit des Orbiers. Le vent souffle toujours de terre. Le matériel est embarqué, ainsi que les animaux. Sitôt la revue terminée, les régiments défileront et se rendront isolément aux appontements. S'il n'y a pas d'accroc, l'opération sera terminée dans la soirée, et, d'après ce que m'a dit tout à l'heure un aide de camp de l'amiral Duperré, on mettra à la voile demain au lever du soleil. »

Le cortège était arrivé à la gauche du dernier régiment. La revue était terminée, le défilé allait commencer.

M. de Bourmont, suivi de son état-major, prit le trot et alla se placer au centre de l'immense esplanade qui, à cette époque, s'étendait le long des quais du port militair..

Le général baron de Berthezène, qui présentait les troupes au commandant en chef, leva son épée; des sonneries éclatèrent, les commandements retentirent allant se répercuter dans les cours et les avenues de l'arsenal. Les brigades se formèrent successivement en colonne; chaque régiment, drapeau en tête, défila au port d'armes et avec sa marche particulière. Dès qu'un bataillon avait dépassé l'emplacement occupé par le général en chef, il prenait le pas gymnastique, se formait par le flanc, et, conduit par son chef, gagnait le ponton qui lui était affecté. Les faisceaux étaient formés, et les hommes mis au repos en attendant l'ordre de monter à bord.

A midi précis, un coup de canon tiré du Mourillon donna le signal de l'embarquement. L'opération avait été préparée dans ses plus minutieux détails ; aussi n'eut-on point à regretter l'encombrement et le désordre qui accompagnent parfois l'installation à bord de troupes aussi nombreuses. Les calculs de l'état-major se trouvèrent exacts; à six heures moins quelques minutes les passerelles étaient retirées, les équipages à leurs postes d'appareillage. Avant la prière du soir sur le pont et dans les batteries, les fourriers lisaient aux troupes un ordre général, prescrivant que, le 20 mai 1830, l'armée royale quitterait Toulon avec pour destination un point de la côte algérienne qui serait indiqué ultérieurement.

Malheureusement, le lendemain à l'aube, un contre-ordre arriva. Durant la nuit le vent avait subitement changé : il soufflait en plein du large, et tous les navires durent doubler leurs amarres pour éviter d'être jetés à la côte. Les troupes étaient consignées à bord; seuls les officiers pouvaient se rendre à terre, une fois le service assuré, et avec l'ordre de rejoindre leur navire avant onze heures du soir. L'ordre était formel et s'appliquait même aux officiers du quartier général.

D'ailleurs le commandant en chef donnait l'exemple; tous les soirs, à dix heures, la baleinière du vaisseau amiral accostait au quai de la préfecture maritime. M. de Bourmont, le vice-amiral Duperré, leurs aides de camp et officiers d'ordonnance prenaient place dans l'embarcation, qui, manœuvrée par de vigoureux matelots, rejoignait en quelques minutes l'entrée de la rade où se trouvait ancré le navire. Les officiers généraux se retiraient dans leurs luxueux appartements, les lieutenants regagnaient leur cabine ou le carré des officiers, bâillant d'ennui et pestant contre ce misérable vent du large qui les condamnait à l'inaction.

De désespoir, des Orbiers s'était mis à piocher l'arabe

sous la direction d'un interprète attaché à l'état-major; quant à Muratel, il faisait d'interminables parties de trictrac avec le Père André ou l'un des aides de camp de l'amiral.

Enfin cette attente énervante cessa. Le 25, au matin, le vent avait de nouveau changé de direction et soufflait de terre.

« Cette fois ça y est, » avait crié des Orbiers à travers la cloison à son voisin de cabine Muratel, lorsqu'à l'aube l'ordonnance était venu annoncer le changement de temps.

Les deux officiers s'étaient habillés à la hâte et s'étaient précipités dans le salon des généraux.

« Déjà levés, jeunes gens, » dit M. de Bourmont par la porte entr'ouverte.

Le général en chef achevait sa toilette. Les officiers interrogeaient leur supérieur du regard. Il comprit leur curiosité.

« Eh bien ! messieurs, dit-il gravement, allons saluer la terre de France ; la flotte appareille dans une heure. »

Lorsque M. de Bourmont parut sur la passerelle, une immense acclamation l'accueillit : les cris de : « Vive la France ! vive le roi ! vive l'armée ! » étaient à peine couverts par les sourdes détonations des canons de l'arsenal, qui saluaient le pavillon ; toute la population de la ville s'était portée sur les quais, les jetées, à l'extrémité du môle, et ce fut au milieu des bravos enthousiastes des Toulonnais que la flotte leva ses ancres, franchit la passe et gagna la haute mer.

C'était le 25 mai 1830.

La mer était calme, la brise légère et continue.

L'armée navale, divisée en trois colonnes, poursuivait

heureusement sa route, lorsque, dans la matinée du 26, elle croisa une frégate française et une frégate turque qui naviguaient de concert.

Après les signaux d'usage, les deux navires louvoyèrent pour se rapprocher du vaisseau amiral; une barque se détacha de la frégate française, que les yeux exercés de l'officier de quart avaient déjà reconnue pour être la *Duchesse de Berry*, commandée par le capitaine Kerdrain.

Effectivement, cet officier supérieur monta à bord et vint rendre compte du motif pour lequel il se dirigeait vers les côtes de France.

Dès qu'on avait appris à Constantinople le projet formé par Charles X de châtier Hussein-dey et de réduire Alger, le ministère ottoman s'était réuni pour aviser au moyen d'empêcher l'expédition.

Au sortir du conseil, le grand-vizir écrivit à notre ambassadeur M. Guilleminot. Il demandait expressément, au nom du sultan suzerain reconnu de la régence, qu'un haut dignitaire ottoman, Tahir-pacha, fût autorisé à se rendre à Alger, assurant que toute satisfaction serait aussitôt donnée à la cour de France.

En vertu des instructions générales que lui avait transmises notre ministre des affaires étrangères, M. Guilleminot refusa l'autorisation demandée.

Sans se rebuter, le grand-vizir, conseillé par l'ambassadeur d'Angleterre, restreignit sa demande à un passeport; puis, n'attendant même pas la réponse, il fit armer une frégate turque et envoya Tahir à Alger, espérant que son représentant arriverait en Afrique avant l'apparition de la flotte française.

Mais le vizir avait compté sans notre escadre de blocus.

A peine la frégate turque arrivait-elle dans les eaux algériennes qu'un aviso français lui donnait la chasse, la forçait à s'arrêter et la contraignait à se laisser visiter. En vain Tahir-pacha excipa-t-il de son titre d'ambassadeur et réclama-t-il la liberté de continuer sa route vers Alger. Le commandant de l'escadre de blocus, M. Massieu de Clerval, se montra inflexible. Ses instructions étaient formelles; il ne devait laisser pénétrer dans les eaux d'Alger aucun bâtiment, à quelque nation qu'il appartînt.

Toutefois il autorisait la frégate turque à retourner à Constantinople. Mais Tahir-pacha, craignant non sans raison la colère du sultan s'il rentrait dans le Bosphore avant d'avoir rempli sa mission, demanda au commandant français l'autorisation de se rendre à Toulon, pour de là gagner Paris et essayer de fléchir Charles X.

Le commandant de Clerval ne laissa pas ignorer à l'envoyé du sultan que sa démarche auprès du roi de France était vouée à un échec certain. Mais, devant son obstination, il consentit à le faire escorter jusqu'à Toulon par un des navires de l'escadre, et prescrivit au capitaine Kerdrain, commandant la frégate *la Duchesse de Berry*, d'accompagner Tahir-pacha en France.

Tandis que le capitaine Kerdrain exposait brièvement ces faits au comte de Bourmont et à l'amiral Duperré, l'ambassadeur ottoman, debout sur la passerelle de la frégate turque, dénombrait avec stupeur la flotte française.

Aussi loin que sa vue pouvait s'étendre, des navires de toutes grandeurs voguaient vers le sud. Et de fait le coup d'œil était imposant. Les cent bâtiments de guerre, dont quarante de premier ordre, couverts par leurs éclaireurs, formaient le premier carré. Aucune surprise n'était à craindre, puisque l'escadre de blocus surveillait les côtes d'Algérie; les lignes de navires avaient pris de larges intervalles, sans que pourtant la transmission des ordres d'une ligne à l'autre pût être interrompue.

En arrière, à plusieurs encâblures, s'avançait le carré des transports.

L'œil exercé de Tahir-pacha en compta plus de quatre cents.

« Allah l'a voulu, murmura le Turc; la destinée de l'Algérie doit s'accomplir. »

Tahir n'eut pas le temps de s'abandonner à ses tristes réflexions; un bruit de pas le fit se retourner. Deux officiers, un enseigne de vaisseau et le lieutenant des Orbiers, se trouvaient derrière lui et venaient l'inviter, de la part du général en chef, à monter sur le vaisseau amiral.

L'envoyé du sultan s'inclina sans mot dire et suivit ses guides. Quelques minutes plus tard il franchissait la coupée. Une section de fusiliers marins lui rendit les honneurs. Tahir salua, la main sur la poitrine. Le lieutenant des Orbiers, continuant sa marche, l'introduisit dans le salon de l'amiral.

Que se passa-t-il dans cette entrevue à laquelle assistèrent seuls le comte de Bourmont, le vice-amiral Duperré et l'ambassadeur ottoman?

À l'époque déjà lointaine dont nous nous occupons, on ne put faire à ce sujet que des conjectures plus ou moins vraisemblables, le commandant de l'expédition et le commandant de la flotte s'étant abstenus de tout commentaire en présence de leurs états-majors et de leurs officiers d'ordonnance.

Mais des Orbiers, qui attendait sur le pont la sortie de

Tahir-pacha, remarqua que l'ambassadeur avait le visage empreint d'une angoisse mal dissimulée ; et que, d'autre part, M. de Bourmont et le vice-amiral Duperré, reconduisant jusqu'au seuil du salon l'envoyé du sultan, avaient peine à contenir leur indignation et prirent congé de Tahir en termes très brefs et formant contraste avec la courtoisie naturelle des deux officiers généraux.

Ce n'est que plus tard, lorsque les rapports du commandant en chef parvinrent à Paris, que l'on sut le mot de l'énigme.

Tahir-pacha avait cherché, mais vainement, à faire vibrer dans l'âme des généraux français tous les sentiments qu'il jugeait, à son point de vue turc, pouvoir être éveillés en eux. Mais prières, remontrances, promesses déguisées, tout avait été vain. Sans se démonter, et passant des plus humbles supplications à une attitude hautaine, l'envoyé du sultan avait été jusqu'à menacer les représentants du roi de France de terribles représailles sur les chrétiens d'Orient. Puis, par un revirement soudain, il avait osé leur proposer de faire assassiner Hussein-dey et de leur partager les trésors du chef de la régence. A cette offre injurieuse, M. de Bourmont s'était levé indigné et avait signifié son congé à l'ambassadeur ottoman.

Celui-ci avait regagné sa frégate, à bord de laquelle avait pris place un détachement français, pour faire honneur, disait-on, au représentant du sultan, mais en réalité pour l'empêcher de fausser compagnie au navire du capitaine Kerdrain, qui recevait en même temps l'ordre de *ne point* quitter le navire du capitaine turc avant qu'il ne fût entré dans la rade de Toulon.

Une heure plus tard, les deux bâtiments n'étaient plus

qu'un point blanc à l'horizon du côté des côtes de France, tandis que la flotte voguait voiles déployées vers le rivage africain.

Le 30 mai, dans la matinée, les navires français se trouvaient à une faible distance d'Alger. Soudain la brise fraîchit, le ciel se couvrit de nuages de plomb ; un orage épouvantable éclata. L'amiral fit carguer les voiles et courir des bordées.

Les navires de guerre, montés par des marins expérimentés, supportèrent vaillamment la bourrasque. Mais le convoi se dispersa. Les vedettes de l'escadre, les avisos, les navires légers et les sept bateaux à vapeur que comprenait l'escadre furent envoyés en éclaireurs pour rallier les transports. L'armée vira de bord. Le vaisseau amiral signala de se réfugier aux îles Baléares.

Le 2 juin, la flotte était concentrée dans la baie de Palma ; elle y demeura jusqu'au 9 juin, complétant ses approvisionnements, prenant des vivres frais et réparant ses avaries, qui heureusement n'étaient point très graves. Le même jour, tous les vaisseaux de guerre et une centaine de transports reprirent le large, piquant droit sur Alger. Un ordre général assignait à l'armée comme point de débarquement la presqu'île de Sidi-Ferruch, à l'ouest d'Alger.

Mais, comme la baie était peu spacieuse, on craignit les suites d'un encombrement, et la plus grande partie du convoi dut se maintenir au mouillage jusqu'à la réception de nouveaux ordres.

Le 12 juin, on aperçut Alger ; le 13, la flotte défila devant la ville avec un ensemble admirable et s'avança jusqu'à la presqu'île où les troupes devaient prendre terre.

Des groupes arabes, épars sur le rivage, faisaient des

démonstrations hostiles, tirant vers les navires des coups de fusil, heureusement inoffensifs, et poussant des cris sauvages.

Un coup de canon tiré à blanc du vaisseau amiral suffit à disperser les manifestants, qui se retirèrent derrière les dunes bordant le rivage; et la flotte put procéder aux opérations du mouillage.

XI

LE PREMIER COMBAT

Tandis que le gouvernement de Charles X préparait avec le plus grand soin l'expédition dont le succès devait entraîner l'établissement définitif des Français en Afrique, le dey d'Alger était loin de rester inactif.

A peine les navires ramenant en France M. de la Bretonnière et ses compagnons d'ambassade avaient ils disparu à l'horizon, que le chef de la régence avait envoyé à tous les pachas sous ses ordres, au bey d'Oran, à ceux de Constantine et de Titteri et aux principaux chefs de tribus de pressants messages enjoignant aux fidèles serviteurs de Mahomet de se rendre sans retard à Alger pour défendre la ville blanche menacée par les infidèles. Un grand nombre de guerriers avaient répondu à l'appel d'Hussein-pacha, et, le jour où la flotte française parut en vue des côtes d'Algérie, le dey avait sous ses ordres une formidable armée de près de quatre-vingt mille hommes, dont cinquante mille Arabes accourus de tous les points du territoire. Les excitations de leurs marabouts avaient réveillé le fanatisme des musulmans. Leurs chefs n'avaient rien négligé pour exalter l'enthousiasme du dernier combattant. Dans la ville et sous la tente, de Mers-el-Kebir à la Calle, partout on racontait depuis des mois les légendes glorieuses, les multiples défaites des Espagnols et les triomphes de l'islamisme. Aussi, pleins de confiance en la protection du Prophète, tous les hommes en état de porter les armes, convaincus que le Croissant devait humilier la Croix, étaient accourus au secours d'Alger la guerrière, avec l'espoir de se partager après la victoire les dépouilles des infidèles. Leur cupidité naturelle devait d'ailleurs être garant de leur courage et de leur cruauté; car Hussein-pacha avait fait promettre à tous les combattants une prime d'une pièce d'or par tête de soldat et de dix pièces d'or par tête d'officier français qui lui seraient apportées après le combat. Dans son inouïe présomption, le chef des pirates barbaresques avait fait transporter dans son camp de la Yasma, à peu de distance de la mer, des tonnes pleines d'or, et, au moment même où les navires français exécutaient les manœuvres préliminaires du débarquement, Hussein demandait à son ministre du trésor si les sommes extraites des caveaux de la Casbah, amenées en arrière du champ de bataille, suffiraient à payer les sanglants trophées que sa cruauté escomptait. Il ne savait pas, le sauvage, que le soldat français ne laisse jamais aux mains d'un ennemi barbare les corps de ceux qui sont tombés pour le drapeau. Il était loin de se douter de l'entrain, de la bravoure et de l'héroïsme de ces chiens de chrétiens, comme il les appelait avec mépris; il croyait fermement que ses fidèles janissaires, ses Arabes fanatiques, allaient jeter à la mer l'armée franque, et il s'entretenait complaisamment de ce succès avec les hauts dignitaires de son entourage, les beys des provinces voisines, et avec son gendre Ibrahim-pacha, auquel il venait de conférer le grade de généralissime de l'armée algérienne.

La pointe de Sidi-Ferruch, vers laquelle allaient converger toutes les forces françaises, s'avance à onze cents mètres dans la mer. La presqu'île dont elle a pris le nom est située à vingt kilomètres à l'ouest d'Alger.

A son extrémité nord, sur le point culminant d'une colline, s'élevait en 1830 une tour carrée à laquelle les Espagnols avaient donné le nom de *Torre chica* (la petite tour); à côté de la tour existait le tombeau d'un marabout dont le souvenir est encore en grande vénération parmi les Algériens.

Cependant, du haut de la passerelle du vaisseau amiral, armés de puissantes longues-vues, le général en chef et son chef d'état-major examinaient les dispositions prises pour la défense par le généralissime turc.

« Ils ne me semblent pas bien forts en tactique et en stratégie, disait en forme de conclusion M. de Bourmont. Regardez donc, mon cher Desprez, comme ils ont mal organisé leur résistance. Au lieu d'établir sur les hauteurs qui sont devant nous un système d'épaulements armés d'artillerie qu'il nous faudrait réduire au silence avant de prendre terre, ils sont allés se grouper dans un camp à plus de mille mètres du rivage. Positivement ils font notre jeu, et l'amiral a raison : nous débarquerons sans encombre. »

Effectivement, après un bref conciliabule entre le général, l'amiral et leurs chefs d'état-major, la flotte française avait reçu l'ordre d'entrer dans la rade de Sidi-Ferruch. Le 13 juin au soir, tous les navires français bordaient la terre à portée de canon; les pièces, chargées et pointées, étaient prêtes à faire feu si l'ennemi tentait une démonstration hostile; il s'en garda bien d'ailleurs. Dans les entreponts et dans les batteries les compagnies rassemblaient leurs effets, bouclaient les sacs, vérifiaient les armes et les munitions. C'était la dernière nuit que l'on passait à bord; pour plusieurs c'était sans doute la dernière nuit de leur existence. Mais, insouciants et gais, les soldats ne pensaient guère à la mort; ils ne voyaient qu'une chose : on allait prendre terre, on allait se battre; et les lousties de chaque escouade n'avaient pas assez d'invectives pour ces sales bateaux où l'on vous rationnait l'air, comme s'il coûtait quelque chose au gouvernement, et pour les cambuses d'où les chefs de plats rapportaient deux fois par jour le maigre morceau de viande salée et les haricots mal cuits, base de l'alimentation des troupes embarquées.

Enfin on allait manger de la viande fraîche et déguster ces plantureux couscous au mouton dont tout le monde parlait après l'extinction des feux, mais que personne n'avait encore eu l'occasion d'apprécier. Et les gourmands se régalaient d'avance à l'idée des abondants repas qu'ils allaient faire, personne n'en doutait, sur cette terre de cocagne que devait être la régence algérienne.

On ne dormit guère cette nuit-là à bord des navires français; aussi dès l'aube, lorsque les clairons eurent lancé aux quatre coins du ciel les joyeuses et éclatantes notes de la diane, les troupes se rassemblèrent rapidement sur le pont. Les sergents-majors firent l'appel. Il n'y avait pas un malade, pas un indisponible. Tous avaient hâte de quitter le sol mouvant des vaisseaux et de gagner la terre ferme.

Le débarquement commença aussitôt. Les navires s'étaient le plus possible rapprochés de terre; d'immenses chalands faisaient la navette entre le rivage et l'escadre, déposant à chaque voyage des éléments constitués, sections et demi-compagnies; quelques-uns, plus vastes, portaient des compagnies entières.

Puis ce fut le tour de l'artillerie de campagne, des caissons de munitions et des forges, des voitures régimentaires indispensables à une marche en avant.

Cependant les brigades se succédaient dans l'ordre de leurs numéros et allaient se former en colonne sur la plage, tandis que les cavaliers, débarqués les premiers, se portaient en avant et allaient se placer en vedette pour surveiller l'ennemi.

Celui-ci n'avait pas bougé, et sa surprenante inertie nous avait permis de conquérir sans combat toute la partie de terrain entre la mer et les collines au sommet desquelles Ibrahim-pacha avait établi son camp de la Yasma.

La Torre chica elle-même, qui eût pu être facilement défendue, avait été abandonnée pendant la nuit par sa garnison turque. Sur l'ordre du général de Berthezène, commandant la première division, une section de sapeurs-mineurs courut s'en emparer. Quelques minutes après le drapeau royal flottait au sommet de cette tour, salué dès son apparition par vingt et un coups de canon tirés des navires.

Mais ce n'était plus cette fois des coups tirés à blanc; les canonniers marins avaient en effet reçu l'ordre de charger les pièces; et les boulets français, passant pardessus les troupes stationnées sur la plage, allèrent jeter le désordre dans les redoutes turques construites par les janissaires sur la route d'Alger.

Ibrahim-pacha, non plus que le dey lui-même, ne pouvaient croire à tant d'audace. Incertains, indécis, ils avaient laissé s'accomplir le débarquement de l'armée française sans oser donner d'ordres, comptant sans doute qu'une intervention miraculeuse d'Allah ou de son prophète Mahomet allait pulvériser les bataillons infidèles assez téméraires pour fouler aux pieds une terre musulmane.

Mais, malheureusement pour la puissance barbaresque, aucun prodige ne s'accomplit.

Le général en chef et son état-major avaient débarqué; son fanion de commandement, planté à côté du drapeau de France, claquait au vent, se détachant sur le ciel bleu. Soudain des estafettes galopèrent, des épées nues s'élevèrent, des commandements retentirent.

La première division s'ébranlait.

« Serrez les rangs, commanda le capitaine de la première compagnie.

— Serrez les rangs, » répéta le lieutenant.

Les hommes surpris tournèrent la tête. Un sillon sanglant s'était formé dans la colonne. Les pièces turques tiraient. Servies par des pointeurs habiles, elles semaient la mort dans les rangs français, et chaque détonation, répercutée mille fois par les collines du Sahel, était pour nous le signal de pertes cruelles.

Nos pièces, masquées par la colonne, ne pouvaient plus tirer par crainte d'atteindre nos propres soldats, et lugubre et monotone revenait plus fréquent le commandement de deuil : « Serrez les rangs, serrez les rangs. » Il fallait en finir.

« Clairons, sonnez la charge, » gronda le général de Berthezène.

La voix de cuivre s'éleva dans les airs, les baïonnettes reluirent au soleil.

« En avant, en avant! » crièrent les officiers.

La colonne prit le pas de charge. Les officiers supérieurs suivaient au trot; à quatre cents mètres des redoutes la deuxième brigade déboîta par le flanc à droite; la troisième se déploya vers la gauche pour déborder les retranchements turcs.

« A la baïonnette! » crièrent les généraux.

Un torrent humain inonda les redoutes.

Les Turcs fuyaient, abandonnant leurs canons, leurs mortiers, des drapeaux, des munitions et des vivres.

Pleurant de rage et de désespoir, Hussein assistait à la déroute de son avant-garde.

« Lâche, lâche! » cria-t-il soudain à son gendre Ibrahim; et, enfonçant ses étriers dans le flanc de sa jument qui hennit de douleur, il se précipita du côté des Français.

Ibrahim avait blêmi sous l'injure, mais était resté impassible. Lorsqu'il vit le dey se diriger sur l'ennemi, il eut un sourire de triomphe.

« Va, va, dit-il à mi-voix, dans quelques instants tu seras tué ou prisonnier, et je serai dey d'Alger. »

Mais le rêve ambitieux du pacha ne devait pas se réaliser. Pour que la prophétie d'El Djilali pût s'accomplir, il fallait que Hussein-pacha restât vivant et libre jusqu'au jour prochain de la déchéance.

Cependant le dey galopait éperdu à travers la campagne. Encore quelques minutes, et il allait franchir la ligne des avant-postes français que l'*on* plaçait pour la nuit.

Soudain la jument mit les pieds de devant dans une de ces profondes rigoles qui servent en Algérie à l'irrigation des prairies et des champs. Emportée par sa course vertigineuse, la bête tourna sur elle-même et s'abattit sur son cavalier.

Bien qu'empêtré dans son vaste burnous et, pour ainsi dire, incrusté dans sa haute selle arabe, le dey n'était pas blessé grièvement. Il se dégagea, froissé et meurtri, et voulut relever sa monture. La pauvre bête essaya de se soulever, mais se laissa retomber sur le sol avec un gémissement douloureux. Elle avait une jambe brisée.

« Pauvre Zina! murmura le dey. Jamais plus une jument de mes écuries ne portera ton nom. Et d'ailleurs aurai-je encore des écuries, avec ces maudits! »

Et il fit un geste de menace du côté de la ligne française, d'où s'élevaient à des intervalles inégaux des appels de clairons.

« Adieu, Zina! adieu, ma belle! » ajouta-t-il attendri.

Et cet homme cruel, qui avait fait verser sans remords tant de sang humain, essuya une grosse larme. Puis d'un geste brusque il retira des arçons un superbe pistolet arabe, don du sultan de Constantinople; il vérifia la batterie, coula de la poudre dans le bassinet et, triste mais ferme, dirigea le canon de l'arme dans l'oreille de la jument et fit feu.

La bête, qui pendant que son maître lui parlait avait relevé la tête, dirigeant vers lui ses yeux expressifs et intelligents, retomba foudroyée.

« Allah l'a voulu, » dit le chef des Algériens, jetant au loin son arme; et grave, à pas lents, sans se retourner une seule fois du côté des Français, il se dirigea vers le plateau de Staouéli, où, d'après les ordres d'Ibrahim-pacha, se concentrait l'armée de la régence.

Une heure plus tard, alors qu'il se croyait déjà le maître de l'armée et du pays, Ibrahim recevait par un esclave l'ordre de se rendre à la tente du dey. Toute trace d'émotion avait disparu du visage d'Hussein, et ce fut d'une voix calme qu'il donna au chef de ses troupes les instructions pour la bataille qu'il prévoyait imminente, ainsi que pour la défense des forts et de la ville d'Alger.

Quant à Ibrahim, il ne manifesta pas le moindre étonnement de revoir son maître, qu'il avait un instant cru perdu; il feignit même ne point savoir que dans un instant de désespoir et de folie le chef de la régence avait cherché une mort libératrice, et étonna Hussein lui-même par la tranquillité de sa conversation et la lucidité de ses remarques.

Bref, les deux chefs turcs se séparèrent, persuadés qu'ils s'étaient mutuellement aveuglés et trompés et se promettant bien de ne point laisser passer l'occasion, Hussein de faire périr Ibrahim, dont l'ambition l'inquiétait, Ibrahim de se débarrasser de Hussein, qui occupait depuis trop longtemps, pensait-il, le trône de la régence. La suite nous prouvera que leurs machinations étaient vaines, tous deux devant quelques jours plus tard prendre tristement le chemin de l'exil et aller mourir abandonnés de tous sous un ciel étranger.

La nuit était venue, une nuit splendide, comme il s'en trouve si fréquemment dans le nord de l'Afrique. La lune éclairait superbement la plaine, dans laquelle un observateur eût pu dénombrer les bataillons et les régiments installés au bivouac et se livrant au repos sous la protection de leurs grand'gardes.

Au loin, vers la colline de Staouéli, des silhouettes sombres se détachaient sur le ciel clair; c'étaient les sentinelles turques préposées à la garde du camp d'Ibrahim, qui, comme nous l'avons dit, avait été dressé en arrière du plateau de Staouéli, sur la route d'Alger.

Il pouvait être neuf heures du soir. Les Français, harassés de fatigue, dormaient, rêvant de gloire; les feux de cuisine s'éteignaient un à un. Sur la ligne des avant-postes une patrouille circulait, échangeant avec les sentinelles le mot de ralliement.

Soudain, à la gauche du camp, le point le plus rapproché de la mer, un bruit insolite attira l'attention du factionnaire.

« Qui vive! » cria le soldat.

Le bruit augmenta d'intensité. Puis une forme blanche surgit de l'ombre.

« Qui vive! répéta la sentinelle, s'apprêtant à faire feu.

— Ami, Français, ami, » répondit une voix d'enfant, et un jeune Arabe s'avança résolument vers le soldat, qui, rassuré, releva son arme.

« Comment, moricaud, tu es Français avec cet accoutrement?

— Mais oui, je suis Français et chrétien; regarde plutôt.»

Et Abdallah, — car c'était bien lui, — fit le signe de la croix.

« C'est, ma foi, vrai, dit la sentinelle; mais c'est égal, c'est bien extraordinaire. On voit de drôles de choses dans ce pays. Mais, au fait, que viens-tu faire ici?

— Je cherche le Père André.

— Le Père André, connais pas. A moins que ce soit un aumônier.

— Oui, oui, cria Abdallah ravi. C'est un aumônier, et il doit être ici; il me l'a promis à Paris. Il devait revenir avec les soldats. »

Le brave factionnaire tombait des nues.

« A Paris! Tu parles de Paris; tu as vu un aumônier à Paris, et tu es ici habillé en Arabe; tu cherches à franchir la ligne des avant-postes la nuit après la bataille. Décidément, tout cela me paraît louche. Reste là, ne bouge pas; la première patrouille qui passera t'emmènera, et tu t'expliqueras avec le lieutenant, car ce que tu me racontes est trop compliqué pour moi. D'ailleurs, j'ai autre chose à faire qu'à bavarder avec toi. Tes amis les Arabes n'auraient qu'à venir en rampant par ces buissons; je serais sûr de mon affaire, et les camarades aussi. »

Le soldat reprit alors sa faction, l'arme prête, l'œil au guet, surveillant scrupuleusement la plaine, attentif au moindre bruit et prêt à tirer le coup d'alarme si quelque chose de suspect sortait de derrière les bouquets d'arbres épars dans la campagne.

Abdallah, obéissant, s'était tu. Accroupi dans son burnous à la mode arabe, il songeait au Père qu'il allait sans doute revoir bientôt. Comment accueillerait-il le fugitif? Lui pardonnerait-il son escapade? Là-dessus pas de doute, pensait l'enfant; il connaissait bien le cœur du missionnaire.

Il était plongé dans ses réflexions, lorsqu'un bruit de pas, un cliquetis d'armes lui firent relever la tête. Des soldats s'avançaient, conduits par un gradé. La sentinelle les arrêta à quelques pas, armant son fusil. Seul le chef s'avança, échangea quelques mots avec le factionnaire; celui-ci rendait compte de ce qui s'était passé, indiquant tour à tour les buissons et Abdallah.

« Ami, Français, ami, » répondit une voix d'enfant.

« Avance à l'ordre, » cria le chef de patrouille se tournant vers ce dernier.

Celui-ci obéit.

Le sous-officier examina le petit Arabe et, satisfait sans doute de son inspection, reprit d'une voix plus douce :

« Viens avec nous, gamin : ton Père André doit être à l'ambulance en arrière. Tu ne peux pas le retrouver aujourd'hui; mais demain on s'arrangera. Allons, en route. »

Les soldats reprirent leur marche, tournant le dos cette fois à la campagne et se dirigeant vers la mer. A quelques centaines de mètres en arrière, un qui-vive retentissant les arrêta. La sentinelle devant les armes fit sortir le poste; un sous-officier vint reconnaître la patrouille, puis tout rentra dans le silence. Abdallah attendait, examinant curieusement le spectacle que présentait la grand'garde : des hommes couchés de ci de là enveloppés dans leurs couvertures, les fusils formés en faisceaux et soigneusement alignés; à la droite, suspendu à une baïonnette, un clairon de cuivre que les rayons de la lune faisaient resplendir comme de l'or en fusion; au loin, des silhouettes de cavaliers immobiles drapés dans les manteaux d'ordonnance; enfin, en arrière, la mer avec les masses énormes des navires à l'ancre.

« Voilà le lieutenant, » dit soudain le sous-officier.

Effectivement, l'officier commandant la compagnie, en l'absence du capitaine entré la veille à l'ambulance, s'approchait du groupe formé par Abdallah et son guide. A quelques pas la sentinelle allait et venait. Sur l'ordre du lieutenant, Abdallah raconta son histoire, sa fuite de Paris et son voyage à travers la France et l'Italie. Le navire qui les portait avait fait successivement escale à Tunis, à Bône et à Bougie. Là les voyageurs avaient été débarqués, le capitaine sarde ne voulant point poursuivre son voyage vers l'ouest et remontant vers la Corse et l'Italie. Aussi nos indigènes en avaient-ils bravement pris leur parti ; délibérément, ils s'étaient engagés dans le mauvais sentier qui, traversant le Chabet el-Akhra ou ravin de la Mort, fait communiquer Bougie et Sétif. Le pays était en pleine rumeur. Les appels à la guerre sainte avaient été entendus dans le pays kabyle. Des bandes d'indigènes armés de fusils, de couteaux, de bâtons, se pressaient sur les chemins d'Alger pour combattre les roumis. Abdallah et Madhani avaient suivi une de ces bandes. Ils ne pouvaient éveiller aucun soupçon ; l'un et l'autre portaient sur leur visage le stigmate de la race indigène, et d'ailleurs le pur langage kabyle dont ils faisaient usage, et que ne leur avait pas désappris leur séjour en pays français, suffisait à les faire considérer comme de fidèles observateurs du Coran. Au surplus, Madhani était demeuré sectateur de Mahomet; il faisait quotidiennement, tourné vers l'Orient, les trois ablutions prescrites par la loi du Prophète. Quant à Abdallah, son âge le dispensait des cérémonies extérieures; d'ailleurs on ne faisait point attention à lui.

De Sétif, la caravane, à laquelle s'étaient joints nos amis, avait continué sa route sur Bordj bou Areridj, puis sur Bouira, d'où elle avait gagné la plaine des Arib. Elle comptait à ce moment plus de deux mille combattants et autant de femmes, d'enfants et de serviteurs.

Huit jours plus tard, car une telle masse sans ordre, sans discipline et sans cohésion, ne pouvait marcher rapidement, la colonne débouchait dans la plaine de la Métidja et allait camper sous les murs d'Alger. Le bey de Constantine, arrivé depuis plusieurs jours, venait la recevoir, et, sous les ordres suprêmes du généralissime Ibrahim-pacha, s'occupait à lui inculquer quelques principes militaires jugés indispensables avant d'aborder les Français.

Un beau soir, Madhani et Abdallah, qui pour des motifs divers n'éprouvaient ni l'un ni l'autre le besoin de combattre les chrétiens, avaient quitté le camp; le vieil Arabe avait regagné la montagne après avoir serré dans ses bras son compagnon de voyage. Quant à Abdallah, guidé par son instinct, il s'était dirigé par les collines du Sahel vers la baie de Sidi-Ferruch. Le 14 juin, jour du débarquement de l'armée française, il s'était trouvé aux premières loges pour assister à l'offensive du général de Berthezène. Blotti dans les buissons, le ventre creux, car depuis son départ du camp il ne s'était nourri que de baies sauvages cueillies aux arbustes de la plaine, mais le cœur plein d'allégresse à la pensée de revoir les Français et le Père André, il avait suivi anxieux la prise de possession de la Torre chica, la canonnade sanglante des batteries turques, puis l'offensive victorieuse de la première division française.

Puis tout s'était tu; la nuit était venue, ou plutôt cet état de demi-crépuscule qui, sous le beau climat d'Afrique, remplace l'obscurité lorsque le soleil a disparu derrière les montagnes du Maroc. L'enfant était alors sorti de sa cachette et avait marché droit vers les lignes françaises; on sait le reste. Abdallah se trouvait à ce moment dans le camp français.

« Peste! mon bonhomme, dit le lieutenant lorsque le

petit Kabyle eut terminé son récit, tu viens de faire là une jolie campagne. Enfin, j'espère que tes fatigues sont finies. Demain tu reverras le Père André. Il est impossible de te conduire ce soir à l'ambulance du quartier général. Tu vas manger et dormir en attendant?

« Avez-vous un peu de soupe? interrompit-il, s'adressant aux hommes de garde.

— Oui, mon lieutenant, » répondit le soldat.

Et une gamelle remplie d'un brouet appétissant était incontinent passée à l'enfant, qui le dévora.

« Allons, l'appétit va bien, dit le lieutenant riant de bon cœur. Dors maintenant. Bonsoir, gamin. »

L'officier se retira après avoir frappé amicalement sur la joue d'Abdallah.

Quelques minutes après le petit Arabe dormait profondément, soigneusement enveloppé dans une capote d'ordonnance.

Au loin, dans la brume montante du matin, on entendait la série ininterrompue du qui-vive des sentinelles.

XII

LE CAMP DES FRANÇAIS

Il faisait grand jour lorsque le lieutenant commandant la compagnie de grand'garde fit réveiller Abdallah. Ni la sonnerie de la diane, ni le va-et-vient des hommes vaquant aux services du bivouac, ni les conversations engagées entre les hommes du poste n'avaient pu troubler l'irrésistible sommeil auquel il avait succombé la veille.

« Allons, mon bonhomme, il est temps de te lever, » dit à haute voix l'officier, tandis que le sergent de garde ouvrait la capote dans laquelle dormait l'enfant.

L'air et la lumière frappèrent Abdallah au visage; il se dressa sur son séant, se frottant les yeux, cherchant à se rappeler par suite de quelles circonstances il se trouvait au milieu des soldats. Soudain la mémoire lui revint.

« Le Père André? » dit-il, anxieux, dirigeant vers le lieutenant ses yeux vifs et intelligents.

L'officier se mit à rire.

« Tu vas le voir tout à l'heure, dit-il, il doit être en ce moment dans le camp. Sergent, ajouta-t-il, en se tournant vers un vieux sous-officier chevronné, vous conduirez cet enfant à l'ambulance du quartier général et vous me rapporterez en même temps des nouvelles du capitaine.

— Bien, mon lieutenant, dit le sergent en faisant le salut militaire.

— A propos, faites-le déjeuner, il doit bien rester un fond de gamelle et une croûte de pain.

— Oui, mon lieutenant, il y a tout ce qu'il faut. »

L'officier s'éloigna, sifflotant un air. On servit une gamelle à Abdallah. Elle contenait un restant de ragoût fait avec des pommes de terre, des haricots et du mouton, constituant le mets bien connu chez les troupiers sous le nom de rata.

Le petit Arabe mangea rapidement, grignota un morceau de biscuit de munition que lui tendait un soldat, but un quart d'eau puisée au tonnelet de l'intendance et se mit en route avec son guide.

Quelques minutes plus tard ils pénétraient dans le camp.

« L'ambulance, répondit au sergent le factionnaire devant les armes, c'est tout là-bas, au bord de la mer; il y a un fanion blanc avec une croix rouge. »

Abdallah et son guide tournèrent à droite, se dirigeant vers le rivage.

Le spectacle qu'ils avaient sous les yeux était véritablement merveilleux.

Le camp français occupait toute la presqu'île de Sidi-Ferruch, que sur l'ordre du général en chef les sapeurs du génie et des milliers de travailleurs fournis par les corps d'infanterie étaient en train de transformer en une véritable place d'armes. Comme la mer entourait le camp de trois côtés, il suffisait de créer, au point où la presqu'ile se soude à la terre ferme, une ligne de retranchements armés de pièces de campagne, derrière laquelle les troupes françaises pourraient résister à toutes les attaques.

En fortifiant ainsi son camp, avant de reprendre la marche en avant, M. de Bourmont se montrait chef prudent et expérimenté; dans la périlleuse campagne qu'il avait entreprise et dont il assumait la suprême responsabilité, il ne voulait rien laisser au hasard; il avait dû même résister aux sollicitations de ses généraux de division et de son état-major qui, puisant dans leur premier succès un surcroît d'énergie et confiants dans leur bravoure et leur audace, demandaient que sans plus attendre on marchât sur Alger.

Mais le général en chef avait calmé l'impatience de ses subordonnés en leur faisant observer que les trois quarts des bâtiments de transport étaient restés à Palma, que le matériel de siège, les chevaux du génie, de l'artillerie, de l'administration, la plus grande partie des approvisionnements en vivres et en fourrages n'étaient point arrivés; on devait profiter des quelques jours que l'on avait devant soi avant les prochains combats pour s'installer confortablement, refaire ses forces, aménager les camps particuliers de chaque grosse unité, débarquer prestement le matériel et le transporter à la place qui lui était affectée.

Les intructions du général en chef furent suivies à la lettre. La pointe de terre sur laquelle campait l'armée française devint comme par enchantement un port, un camp, un arsenal, presque une ville. Il s'y forma des hôpitaux, des restaurants, des cafés. Ici un parc d'artillerie, là des magasins; plus loin des boulangeries, des écuries, jusqu'à des ateliers de peinture, car des artistes s'étaient joints à l'armée pour que Paris pût jouir bientôt des points de vue du pays que nous allions conquérir; et le lendemain de leur arrivée à Sidi-Ferruch ils s'étaient mis à l'ouvrage au bruit du canon et presque sous les balles ennemies. Il semblait que la France, avec ses arts, sa civilisation, son activité, fût débarquée tout entière en Afrique.

On approchait de l'ambulance.

Soudain Abdallah jeta un cri de joie et partit comme une flèche. A cent mètres de lui, la silhouette martiale du Père André se détachait sombre sur la blancheur immaculée des tentes de l'ambulance.

Le vieux sergent allongea le pas, bougonnant intérieurement, mais ému cependant de la scène dont il était témoin.

« Père, Père, disait l'enfant suspendu au cou de son bienfaiteur, Père, tu m'as pardonné. Vois, je suis revenu comme je te l'avais promis. Et maintenant je ne te quitterai plus. Nous allons rentrer ensemble à Alger, et tu feras délivrer Salem que le dey a fait mettre en prison après ton départ. »

Le missionnaire souriait, attendri plus qu'il ne voulait le paraître. Sans répondre à l'interrogation directe d'Abdallah, il le serra sur son cœur, et dans le baiser qu'il lui donna l'enfant sentit qu'il était pardonné.

« Merci, sergent, merci de l'avoir ramené, dit l'aumônier, remarquant la présence du sous-officier. Vous pouvez rentrer à votre compagnie. »

Le sergent fit le salut militaire, tourna sur ses talons par principe, et se dirigea vers les tentes occupées par les blessés. Un chirurgien-major en sortait. Le sous-officier l'aborda et prononça quelques mots à voix basse.

« Fichu, répondit l'homme de l'art, évacué mais en fort mauvais état. »

Il indiqua de la main la ligne des vaisseaux à l'ancre.

« Dites au lieutenant que nous n'avions pas ici ce qu'il fallait pour faire l'amputation dans de bonnes conditions. On a donc transporté le capitaine à bord du navire-ambulance. C'est la marine qui va se charger de la chose. Mais, guerre ou marine, le pauvre diable est en mauvais état, la gangrène a commencé, et dame... »

Le chirurgien fit un geste qui en voulait dire long, et, tournant le dos au sergent consterné, il rentra dans l'ambulance.

Le sous-officier reprit tristement le chemin de son campement.

« Merci, mon colonel, merci mille fois de votre bienveillance, » disait une heure plus tard le Père André au commandant du quartier général.

Le missionnaire venait en effet d'obtenir l'autorisation de garder Abdallah avec lui à l'ambulance.

Le jeune Arabe faisait définitivement partie de l'armée expéditionnaire. Il lui fallut peu de temps, d'ailleurs, pour se faire aimer de tout l'entourage du général en chef. Bien qu'il ne vécût pas à la table des officiers, ceux-ci le faisaient souvent venir à leur mess, l'interrogeaient sur sa vie, ses aventures, son équipée à travers la France et l'Italie; ils s'amusaient de ses réponses ingénues et s'émerveillaient de son intelligence précoce. Mais c'était surtout le brave Burlot, l'ordonnance de l'aumônier, qui était le préféré d'Abdallah.

Les devoirs de son ministère ne laissaient que peu de

loisirs au Père André; aussi le petit Arabe était-il devenu l'inséparable de Burlot. Lorsque le ménage sommaire de l'aumônier était fait, le soldat et l'enfant circulaient dans le camp, de la droite à la gauche des divisions et des brigades, causant avec les uns et les autres, s'arrêtant devant les canonniers occupés à hisser sur leurs affûts les grosses pièces de siége, allant aux ateliers des sapeurs employés à la construction des gabions et des fascines et se hasardant parfois en dehors du camp, pas loin toutefois du front de bandière, sous la protection des grand'gardes et des patrouilles qui battaient la campagne du côté des collines de Staouéli.

Cependant les Arabes, voyant qu'on ne les attaquait point, avaient repris courage. Bien que leur premier échec eût apparu à nombre d'entre eux comme un signe non équivoque de la chute prochaine de la régence, et que, sous l'empire du fatalisme oriental, des bandes entières d'Arabes ou de Kabyles eussent jugé inutile de faire plus longtemps parler la poudre, un fort noyau de janissaires n'avait point été ébranlé, et Ibrahim-pacha disposait encore de forces imposantes.

Des escarmouches avaient lieu chaque jour en avant du camp.

Masqués par des broussailles, des tirailleurs turcs s'approchaient de nos lignes et engageaient avec nos grand'-gardes une fusillade meurtrière. C'est pendant une de ces attaques que se révéla le tempérament guerrier du petit Abdallah.

Un jour qu'avec son inséparable Burlot ils avaient franchi le rempart de terre qui protégeait le camp, ils rencontrèrent une patrouille commandée par un sous-officier de la compagnie à laquelle appartenait l'ordonnance.

On sait que les ordonnances d'officiers sont, dans une compagnie, des personnages importants et que les gradés inférieurs s'honorent souvent de les compter au nombre de leurs amis.

Burlot était fort lié avec le sergent.

« Nous allons patrouiller avec toi, » lui cria-t-il.

Le sous-officier hésita un instant.

« Au fait, pourquoi pas? dit-il. Allons, venez. Nous n'allons pas très loin aujourd'hui. Le capitaine a défendu de dépasser les buissons qui sont là-bas. » Et il montrait du bras un groupe d'oliviers dont le feuillage sombre tranchait avec la coloration claire des champs d'orge environnants.

Les hommes se déployèrent en tirailleurs, s'avançant avec précaution, l'œil au guet, le doigt sur la détente de leur fusil.

« Reste en arrière, moucheron, » dit le sergent à Abdallah, qui, inconscient, du danger gambadait comme une chèvre en avant de la petite troupe.

Le petit Arabe obéit à regret, ne comprenant pas pourquoi on ne le laissait pas courir à son aise à travers la campagne.

« Halte! Couchez-vous! » cria soudain le sous-officier.

Une grêle de balles fouettait au même instant le sol autour de la patrouille, soulevant la poussière.

« Quelqu'un est-il touché? » demanda le sergent.

Deux gémissements répondirent, tous deux à la gauche de la patrouille. Burlot et Abdallah bondirent du côté des blessés. L'ordonnance les examina rapidement; son service auprès du Père André lui avait donné l'expérience d'un infirmier.

« Deux pattes cassées, cria-t-il, une devant, l'autre derrière. »

Dans son style de troupier, cela signifiait que des deux blessés l'un avait le bras, l'autre la jambe fracturés.

« Ne te désole pas, mon vieux, ajouta Burlot, parlant au soldat le plus gravement atteint. Nous allons t'emporter. Toi, dit-il à l'autre, tu as tes jambes en bon état, file tout seul à l'ambulance. Et juste, voilà les Arbis! »

Effectivement, de derrière les buissons, une troupe de cavaliers arabes surgissait au galop.

« Abdallah! Abdallah! » cria l'ordonnance.

Personne ne répondit, mais à cent mètres de là la voix du sergent, ferme et sonore, disait :

« Attention au commandement et visez juste. Joue, feu! Chargez. »

Burlot regarda et demeura stupéfait. Accroupi à côté des soldats, le jeune Arabe, armé du fusil d'un blessé, faisait le coup de feu.

« Bravo, gamin! fit le sous-officier, tu tires comme un ancien. »

Et, de fait, tous les coups avaient porté.

Le peloton tournoya un instant; des chevaux s'enfuirent privés de leurs cavaliers.

« Feu! » commanda le sergent.

Deux Arabes furent désarçonnés, trois chevaux s'abattirent foudroyés par nos balles. Le restant des cavaliers disparut au galop derrière un pli de terrain.

« Et maintenant, au camp! » ordonna le sergent.

Un des blessés regagnait déjà le front de bandière. L'autre fut étendu avec précaution sur un brancard formé de fusils entre-croisés, et la patrouille prit le chemin du camp.

La grand'garde la plus proche était sous les armes; une section d'infanterie s'avançait au pas de charge; dans le camp une sonnerie de clairon appelait aux faisceaux la compagnie de piquet, la première à marcher.

« Deux blessés seulement, mon lieutenant, et pas très grièvement, dit le sergent, se plaçant au port d'armes, en rendant compte de ce qui s'était passé à son officier de peloton, le chef de la section déployée dans la plaine. Quant aux Arabes, nous devons en avoir démoli plusieurs. Voyez plutôt. »

Effectivement, des chevaux sans cavaliers allaient à l'aventure.

« Bien, dit l'officier, rentrez au camp, faites le rapport au capitaine. Nous allons pousser jusqu'au buisson pour savoir ce qu'il y a derrière. »

Et, changeant la direction de sa section en refusant une aile, le lieutenant s'avança vers le point d'où étaient partis les coups de feu. Rien ne bougeait. Les éclaireurs atteignirent le pli de terrain derrière lequel avaient disparu les cavaliers arabes. Ils se tapirent dans les herbes et observèrent la campagne dans la direction de Staouéli.

« Envolés, dit l'un d'eux.

— Oh! pas bien loin, observa son camarade, regarde là-bas. »

Effectivement, à quelques portées de fusil des buissons, sur le chemin d'Alger, des cavaliers évoluaient au galop. La section rejoignit les éclaireurs; son chef lui fit prendre position en arrière de la pente qui masquait à la vue de camp les mouvements de l'ennemi dans la plaine. Les sentinelles furent placées; le gros de la section forma les faisceaux et se mit au repos en attendant des ordres. Quelques hommes parcouraient le terrain sur lequel venait d'avoir lieu la petite escarmouche pendant laquelle deux de leurs camarades avaient été blessés.

Soudain un des soldats poussa un cri d'appel.

« Par ici, par ici, » criait-il.

Ses compagnons se hâtèrent vers lui.

Un cavalier arabe gisait les bras étendus, le visage affreusement pâle, son fin burnous souillé de sang; il avait reçu une balle en pleine poitrine, et c'était miracle qu'il respirât encore. A ses côtés un autre cavalier râlait, les reins brisés; le projectile tiré à trente pas était ressorti par le bas-ventre, produisant une horrible blessure.

« Pauvres diables! dit un des soldats. Je ne donnerais pas cher de leur peau. Passe-moi ta gourde, ajouta-t-il, je n'ai plus rien dans la mienne, et s'il meurt, que ce ne soit au moins pas de soif. »

Le brave soldat n'eut pas le temps d'accomplir son acte d'humanité. Au moment où il se penchait pour approcher la gourde des lèvres du guerrier moribond, le masque de la mort envahit le visage du malheureux, son corps se raidit dans une suprême convulsion. Ce n'était plus qu'un cadavre.

Cependant d'autres soldats étaient accourus. Le lieutenant avait donné l'ordre de s'emparer des blessés, pour en tirer, s'il était possible, quelques renseignements. Quatre hommes vigoureux saisirent l'Arabe qui vivait encore et le transportèrent avec précaution derrière les

Burlot regarda et demeura stupéfait.

buissons, à l'endroit où le chef de section avait établi son poste d'observation.

Mais ce fut peine inutile; à peine avait-on déposé le blessé sur un lit d'herbes arrachées à la hâte, qu'une syncope le prit, et quelques minutes après il mourait sans avoir repris connaissance.

La chaleur était accablante. Les gourdes vides depuis longtemps, les hommes, après avoir vainement cherché dans les environs une source, un ruisseau, un puits quelconque, n'avaient trouvé d'autres ressources pour tromper leur soif que de mâcher des tiges d'herbes à moitié desséchées.

« Aux faisceaux! » crie un gradé.

Les hommes se rassemblèrent rapidement. Une estafette venait d'apporter l'ordre de rentrer au camp.

« Enfin on va pouvoir boire, dit un jeune soldat.

— Tu crois, blanc-bec? riposta un grognard. A condition que les tonnelets de l'intendance soient arrivés. Et ils sont toujours en route, ajouta-t-il avec un gros rire, heureux d'égratigner, en passant, le service des subsistances, que, déjà à cette époque, on considérait comme responsable de tout ce qui se passait de défectueux dans le corps expéditionnaire.

— Oh! ce soir, pas besoin des tonnelets des riz-pain-sel, observa un troisième. Regarde plutôt là-haut, nous aurons de l'eau plus que nous n'en pourrons boire. »

Effectivement, de gros nuages plombés montaient à l'horizon, obscurcissant par instant le radieux soleil de juin. Le vent du sud commençait à souffler par rafales, et dans le lointain les oreilles exercées croyaient percevoir de vagues détonations, les coups de tonnerre précurseurs de l'orage.

« Par file à gauche, en avant marche! » commanda le lieutenant.

La section reprit le chemin du camp, couverte en arrière par ses éclaireurs, à qui l'on avait fait signe de rejoindre le gros.

A peine les hommes étaient-ils rentrés sous la tente ou dans les abris provisoires que le génie avait construits, qu'une tempête épouvantable se déchaîna.

Des trombes d'eau ravagèrent le camp, transformant en marécage la presqu'île de Sidi-Ferruch. Les tentes étaient soulevées, arrachées du sol par la violence de l'ouragan et transportées au loin. Au quartier général, à l'ambulance, les hommes de garde avaient doublé les cordeaux, multiplié les piquets d'attache, chargé de pierres l'extrémité inférieure des toiles de tente. De ce côté, grâce aux précautions prises, les dégâts furent sans importance.

Sur mer, la flotte fut pendant quelques heures dans une situation critique. Des sautes de vent fréquentes, impossibles à prévoir et d'une violence inouïe, mirent nos navires à deux doigts de leur perte. Les vagues déferlaient sur la côte; les bâtiments chassaient sur leurs ancres; debout à son banc de quart, l'amiral Duperré, malgré la pluie torrentielle et la bourrasque sans cesse renaissante, surveillait l'exécution de ses ordres. Grâce à ses sages dispositions, concertées d'ailleurs avec son chef d'état-major, en qui il avait la plus entière confiance, on n'avait pas encore d'accident à déplorer.

« Cette fois nous sommes à la côte, » dit soudain la voix de l'officier de quart.

Emporté par une rafale plus violente que les autres, le navire chassait à vue d'œil. Le commandant de la flotte pâlit. Les autres bâtiments tenaient bon, seul le vaisseau amiral allait s'échouer. Quelle honte! Et rien à faire. Toutes les ancres avaient été mouillées.

« Amiral, dit le chef d'état-major, il y a encore du câble. Jetons une pièce d'arrière, elle tiendra quelques minutes et les ancres pourront mordre. »

L'amiral fit un signe d'assentiment.

L'officier de quart lança un ordre, des coups de sifflet retentirent; deux bordées de matelots accoururent, armés de barres, d'anspects et de pinces. La pièce, une énorme pièce de fonte aux anneaux de laquelle avait été passée l'extrémité d'un filin, dépassait déjà le bastingage, quand par un phénomène souvent constaté sur les côtes africaines, le vent changea soudain de direction, puis tomba complètement.

« Halte! cria le chef de manœuvre.

— Les ancres mordent, cria un maître de timonerie.

— Les ancres mordent, » répéta l'équipage.

La tempête était apaisée.

« Un quart de vin à ces braves gens, dit l'amiral Duperré, descendant de la passerelle et regagnant sa cabine. Ils l'ont bien gagné.

— Merci, amiral, » chantèrent en chœur les matelots, tandis que sur le pont une nouvelle bordée de travailleurs faisait disparaître les traces de l'ouragan, réparait les cordages et virait au cabestan pour relever les ancres de supplément désormais inutiles.

« Eh bien, amiral, il paraît que vous vouliez entrer dans le camp avec vos navires, dit en souriant M. de Bourmont à l'amiral Duperré, lorsque celui-ci vint le lendemain déjeuner à terre avec le général en chef.

— Mon général, répondit gravement le commandant de l'escadre, je n'ai eu qu'une seule fois peur dans ma vie, et c'est hier, quand j'ai senti que mon navire venait à la côte. Ah! oui, je l'avoue, hier j'ai eu bien peur. Un jeune lieutenant de vaisseau peut s'échouer, mais un vieil amiral! Quel triste couronnement de carrière! Enfin je l'ai échappé belle. Eh bien! et vous, mon général, que faites-vous d'Hussein-pacha?

— Oh! Hussein-pacha ne m'inquiète pas outre mesure, reprit le généralissime; c'est plutôt Ibrahim, son gendre, qui nous donnera du fil à retordre. Les rapports de mes espions me font savoir qu'il a concentré cinquante mille hommes de bonnes troupes à Staouéli, à quelques kilomètres d'ici, et que dix mille hommes de réserve sont réunis à Alger. Ce sera un fameux morceau à avaler.

— Oui, mon général, mais aussi vos hommes sont de gros mangeurs, riposta l'amiral, et conduits par vous... »

Le comte de Bourmont esquissa un geste de dénégation plein de modestie, et la conversation continua entre les deux officiers généraux, s'égarant malgré eux sur des sujets délicats, les dernières campagnes de l'empereur, la Restauration, les Cent jours, le rétablissement du pouvoir royal en France et les chances de durée que pouvait avoir le gouvernement de Charles X.

Pendant ce temps, au mess des officiers de l'état-major, on fêtait joyeusement les premières armes d'Abdallah.

« Alors, moucheron, tu n'a pas eu peur, disait le lieutenant Muratel, lorsque les cavaliers arabes ont chargé.

— Peur! fit l'enfant avec un dédain comique. Peur! Un Français n'a jamais peur; et moi je suis Français!

— Bravo! Abdallah, cria à l'autre bout de la table le lieutenant des Orbiers. Je parlerai de toi au général en chef, et je te promets que dès qu'on créera un corps africain tu auras la première place d'enfant de troupe.

— A ta santé, gamin, tu es le héros du jour, et on ne connaît plus que toi dans le camp.

— Oh! monsieur des Orbiers, vous allez lui donner de la vanité. Il est déjà insupportable quand il se trouve avec son ami Burlot, interrompit en riant le Père André. Qu'est-ce que cela va être si vous lui mettez dans la tête qu'il est en passe de devenir un grand homme? Enfin! à sa santé tout de même.

— A votre santé, monsieur l'aumônier.

— A la vôtre, monsieur des Orbiers. »

Les verres se choquèrent joyeusement, puis Abdallah sortit, heureux de retrouver le grand air de liberté et surtout son ami Burlot, qui l'attendait à la cuisine et s'impatientait de voir l'enfant perdre son temps à table, disait-il, au lieu d'aller s'instruire à travers le camp.

Le Père André se retira à son tour; les officiers d'état-major le reconduisirent jusqu'à l'ambulance, puis ils se dispersèrent, regagnant chacun leur tente.

Lorsque des Orbiers et Muratel arrivèrent au quartier général, ils se croisèrent avec le vice-amiral Duperré, qui quittait M. de Bourmont. L'amiral fit un signe d'amitié aux jeunes gens.

« Au revoir, amiral, dit le général en chef.

— Au revoir, mon général, répondit le vieux marin, et bonne chance.

— J'ai bon espoir, riposta M. de Bourmont. Bien que le convoi n'ait pas encore rallié, je crois que nous pourrons bientôt aller de l'avant. Il le faut d'ailleurs, ajouta-t-il se parlant à lui-même, ces Turcs deviennent par trop entreprenants. Venir nous tirer des coups de fusil à notre barbe, jusque dans le camp! »

Le vice-amiral regagna son navire, le général en chef rentra sous sa tente, et des Orbiers, lorsque M. de Bourmont eut disparu, s'écria :

« Dis donc, Muratel, je crois que ça y est cette fois. On va enfin se battre. Ce n'est pas trop tôt. Ouf! En attendant, allons travailler. »

XIII

LA BATAILLE DE STAOUÉLI

Dans l'armée turque, comme dans l'armée française, on était las des combats partiels.

Nos troupes, aguerries par des escarmouches continuelles, souhaitaient ardemment en venir définitivement aux mains et s'ouvrir de force la route d'Alger en passant sur le ventre au cinquante mille combattants d'Ibrahim-pacha. L'impatience avait gagné également les chefs du corps expéditionnaire; la prochaine bataille était l'objet de toutes les conversations, et Dieu sait les projets glorieux que du simple soldat au général on élaborait, le 18 juin au soir, dans le camp français.

La soupe du soir venait d'être mangée; les compagnies rassemblées au centre de leurs campements écoutaient la lecture de l'ordre pour le lendemain. C'était décidé, on allait se battre.

Du côté des Arabes, l'effervescence n'était pas moins considérable. Dans un suprême conseil de guerre, auquel avaient assisté Hussein-pacha, Ibrahim-pacha, les beys de Constantine, d'Oran et de Titteri, ainsi que le ministre de la guerre de la régence algérienne, il avait été également résolu de tenter, le lendemain, la fortune des armes.

On dormit peu dans l'un ou l'autre camp. Pourtant, du côté des Français, le silence le plus absolu fut observé jusqu'au point du jour, conformément aux prescriptions du général en chef. Seuls, retentissaient à intervalles inégaux les cris de : « Qui vive ! » poussés par les sentinelles, lorsque les rondes et les patrouilles, particulièrement fréquentes depuis plusieurs jours, passaient à leur portée.

Mais les soldats d'Ibrahim-pacha n'observaient pas la même discipline ; ce fut jusqu'aux premières lueurs de l'aube, sur la colline de Staouéli, une rumeur inouïe. Des chants, des prières, des invocations à Allah, remplissaient l'espace ; parfois, un coup de feu isolé déchirait l'atmosphère ; des hennissements de chevaux, auxquels répondaient, dans le lointain, d'autres hennissements ; des aboiements de chiens ; le galop, sur le chemin d'Alger, des cavaliers de la garde du pacha : tout indiquait chez nos adversaires le manque de régularité et de discipline sans lesquelles les troupes les plus braves sont vouées à de sanglants et irrémédiables échecs.

Le court crépuscule du mois de juin n'avait point encore fait place à la brillante lumière du soleil que le pacha turc donna le signal de l'attaque.

Aux sons d'une musique étrange, dans laquelle les notes stridentes des fifres et des flûtes couvraient le roulement monotone des tambourins, l'armée musulmane s'ébranla.

Elle avait conservé la tactique immémoriale de ses pères, celle que Godefroy de Bouillon et saint Louis avaient déjoué au moyen âge, celle à laquelle dans le désert des Pyramides s'étaient heurtés les carrés victorieux de Bonaparte.

Les bataillons turcs, si on peut donner ce nom de bataillons à des masses sans grande cohésion militaire, s'avançaient sur un front très étendu, dans l'espoir d'envelopper l'armée française. Les musulmans attaquèrent sur tous les points à la fois ; mais ce fut surtout la milice turque qui montra le plus d'entrain et d'acharnement.

Opposés aux brigades des généraux Clouet et Achard, de la division Berthezène, qui avaient les premières couru aux armes, les soldats d'Ibrahim vendirent chèrement leur vie ; les cavaliers indigènes, qui accompagnaient l'infanterie turque, chargèrent en désespérés sur les lignes françaises ; plusieurs pénétrèrent jusqu'au milieu même de nos retranchements; ils y trouvèrent la mort.

L'un d'entre eux, un fils de grande tente, monté sur un cheval splendide et brandissant au-dessus de sa tête un étendard vert chamarré de broderies, poussa jusqu'au parapet d'une batterie française, et insoucieux du danger, brave jusqu'à l'héroïsme, bondit au milieu des pièces, cherchant à planter au-dessus de nos canons son pavillon musulman; un coup de sabre du capitaine commandant l'artillerie arrêta son élan : le chef arabe désarçonné, vomissant le sang, tomba à la renverse sur un amas de gabions et de fascines ; son cheval, affolé par les coups de feu, se cabra, cherchant à fuir; les servants de la pièce le maîtrisèrent et s'en emparèrent. Dans la soirée, il figura en bonne place au milieu des trophées.

Cependant la lutte se déroulait rapidement. A la voix

de leurs chefs, nos soldats avaient formé les carrés et recevaient la cavalerie turque sur la pointe de leurs baïonnettes.

Bientôt, sur un signe du baron de Berthezène, les clairons sonnèrent le pas de charge. La brigade Clouet reprit l'offensive et se porta rapidement vers les positions ennemies. Les généraux Achard et Poret de Morvan marchaient en seconde ligne, prêts à appuyer leur camarade.

Sur le reste de la ligne française, les musulmans avaient également échoué.

La deuxième division, celle du lieutenant général comte de Loverdo, avait en face d'elle les contingents amenés par les beys d'Oran et de Constantine.

Calmes, impassibles, comme s'ils se fussent trouvés à Paris sur le Champ-de-Mars, nos soldats laissèrent arriver l'ouragan sans brûler une amorce.

L'ennemi s'avançait par masses, descendant au fond du ravin qui, de ce côté, dessinait la position des Français. Ceux-ci observaient le plus profond silence.

« Joue ! gronda soudain la voix du général.

— Joue ! » répétèrent à mi-voix les commandants de compagnies.

Les fusils s'abattirent d'une pièce ; le soleil se refléta une seconde dans les milliers de miroirs que formaient les canons d'acier des armes, puis une immense détonation retentit, accompagnant le commandement de : « Feu ! » des officiers français.

Ce fut un tumulte, ce fut une bagarre. On n'y voyait plus ; mais, noyés dans la fumée de la décharge, nos soldats avançaient toujours.

Lorsque le brouillard se dissipa un peu, on aperçut les

Arabes qui fuyaient, remontant la pente vers Staouéli. Le terrain était jonché de morts et de mourants.

Soudain, une sonnerie retentit vibrante et glorieuse.

« La charge ! dirent les colonels.

— La charge ! » crièrent les commandants de bataillons, se tournant vers les clairons.

Alors, sur toute la ligne, des notes cuivrées, perçantes, enragées, dominèrent le tumulte, les cris des blessés, les vociférations des Arabes vaincus et fuyant en désordre.

Dans les troupes françaises, l'enthousiasme était à son paroxysme. M. de Bourmont, que ses aides de camp tenaient minute par minute au courant de la situation, jugea le moment opportun pour en finir avec l'armée algérienne ; nos soldats, électrisés par un premier succès, allaient de l'avant comme des fous, tête baissée et baïonnettes basses.

Des estafettes galopèrent sur le front de l'armée.

« Attaque générale ! » crièrent-elles, passant devant les chefs de corps.

Ceux-ci firent signe de la main qu'ils avaient compris. On reforma les compagnies et l'on reprit la marche.

Pendant l'action, les intervalles s'étaient resserrés ; toute l'armée se portait à l'attaque de Staouéli, sous les ordres du général en chef que l'on apercevait à quelques centaines de mètres, en avant de la première réserve.

Trois régiments de la division d'Escars venaient d'être désignés pour former la réserve générale du corps expéditionnaire.

La distance qui nous séparait du camp ennemi fut franchie avec une rapidité extraordinaire.

L'artillerie nouveau modèle, que l'on utilisait pour la

première fois sur un champ de bataille, était sans cesse en première ligne, malgré les difficultés du terrain. Elle prit, dès lors, sur les Arabes cette supériorité et cet ascendant de terreur qu'elle n'a plus perdus.

Cependant les beys étaient parvenus à rallier leurs troupes débandées ; un instant elles firent tête sur les crêtes de Staouéli; mais que pouvait leur courage chancelant contre la bravoure inébranlable et l'élan de nos soldats ?

Si braves dans l'attaque, les soldats turcs se montrèrent faibles dans la résistance.

Après une canonnade qui n'arrêta pas un instant la marche de nos colonnes d'attaque, ils abandonnèrent précipitamment les batteries construites en avant de leurs positions.

Le 20e régiment de ligne s'empara d'une dizaine de pièces de bronze qui les armaient. Dès lors, la retraite des soldats d'Ibrahim se transforma en déroute. En un instant, nos soldats enlevèrent le camp ennemi, composé de plusieurs centaines de tentes toutes dressées. Celles du bey de Constantine et de Titteri étaient magnifiques ; des ornements précieux, des tapis d'Orient, des armes, des bijoux d'or et d'argent s'y trouvaient à profusion.

Le général Clouet y installa un poste destiné à faire respecter ces richesses ; non par nos soldats, dont aucun n'eût eu l'idée de s'approprier ces trésors, mais par la tourbe de mercantis juifs ou renégats qui commençaient à envahir notre camp et s'abattaient sur les dépouilles des vaincus comme des corbeaux sur les cadavres du champ de bataille.

On trouva dans le camp ennemi des magasins de vivres

et des approvisionnements de toute nature, des armes, de la poudre, des projectiles. Plusieurs troupeaux de moutons, un grand nombre de chameaux, des chevaux de prix, faisaient partie du butin. Dès que la victoire fut assurée et lorsque les premiers rapports de la cavalerie lancée à la poursuite des fuyards furent venus confirmer que l'armée d'Ibrahim-pacha battait en retraite sur Alger, le général en chef fit désigner une commission d'officiers de toutes armes et de fonctionnaires administratifs, pour prendre en charge les richesses du camp turc, en évaluer le montant et procéder à la distribution des prises conformément aux règlements en vigueur.

Tandis que les divisions Berthezène et Loverdo s'installaient dans le camp de Staouéli, aux lieu et place de l'armée turque, la division d'Escars se rassemblait sur les pentes du plateau, qu'elle descendait ensuite en bon ordre pour aller réoccuper le camp de Sidi-Ferruch, afin de garder notre point de débarquement et notre base d'opérations.

Des ordres étaient immédiatement donnés au génie pour la création d'une route entre les deux camps; deux redoutes intermédiaires construites entre Staouéli et Sidi-Ferruch devaient protéger notre ligne d'opérations.

De même qu'après le succès de Sidi-Ferruch, M. de Bourmont avait été sérieusement tenté de profiter de sa victoire et de poursuivre les fuyards jusque sous les murs de la ville, peut-être d'entrer derrière eux dans Alger.

Mais, cette fois encore, de puissantes considérations le forcèrent à temporiser.

Le convoi qu'on attendait de Palma n'était pas encore arrivé, et les magasins contenaient, tout au plus, pour douze jours de vivres. Un échec eût placé l'armée dans une position difficile et compromis peut-être gravement le succès de l'expédition.

« Ils s'impatientent, disait-il en riant, le lendemain de la bataille de Staouéli, à son chef d'état-major, en parlant des soldats qui réclamaient la marche sur Alger ; ils s'impatientent, faites-leur remuer de la terre, cela les occupera et changera le cours de leurs idées. »

Et, en effet, les soldats français remuaient la terre du matin au soir ; le camp de Staouéli était devenu plus formidable encore que le camp de Sidi-Ferruch : partout de profondes tranchées, des parapets épais, mettaient nos troupes à l'abri d'une surprise.

Mais si ces travaux de pionniers tenaient en haleine les régiments, ils n'étaient point toujours sans danger.

Malgré les sentinelles, malgré les patrouilles, sans cesse en mouvement en avant et sur les flancs du camp, des tirailleurs arabes parvenaient à se glisser à bonne portée et nous tuèrent beaucoup de monde.

Après la défaite de Staouéli, dans le premier moment de terreur causé par leur échec, les Turcs s'étaient retirés dans Alger, réclamant à grands cris le supplice du dey, dont, disaient-ils, l'avarice sordide avait provoqué la guerre.

Mais Hussein-pacha n'était point dépourvu de courage, et les cris de mort de ses soldats ne l'effrayaient guère.

A la nouvelle du danger qui le menaçait, il se retira dans la Casbah, fit charger les canons des remparts et déclara qu'au premier mouvement hostile de la population il réduirait la ville en cendres.

Puis, après avoir reproché à Ibrahim de s'être laissé

battre par une poignée d'infidèles, il avait fait mander les chefs des janissaires et par des harangues enflammées avait relevé leur courage.

Bientôt ceux-ci réclament à grands cris qu'on les conduise de nouveau à l'ennemi.

Dans la nuit du 23 août, les marabouts parcourent la ville, prêchant la guerre sainte; du haut des minarets, les muezzins promettent aux croyants la victoire sur l'infidèle, le triomphe du Croissant et la défaite de la Croix.

A l'aube, vingt mille Arabes, fanatisés par les exhortations des marabouts, se jettent sur nos avant-postes. Comme à Staouéli, leur ligne embrasse un front très étendu; ils veulent tourner l'armée française. Mais nos soldats veillent. A la voix de leurs chefs, les divisions Berthezène et Loverdo se forment en carré et reçoivent sur leurs baïonnettes les cavaliers arabes, qui, après plusieurs charges successives, se retirent décimés.

Alors le général en chef prescrit de prendre l'offensive; les brigades, formées en colonnes, traversent rapidement la plaine et chassent les musulmans jusqu'au vallon de Baché-Derré, à deux lieues du point d'attaque.

Les Arabes se dispersent, disparaissent derrière les crêtes de Bougiara qui dominent Baché-Derré. Malheureusement la nuit arrive, on ne peut continuer la marche. La division Berthezène, qui a le plus souffert, est envoyée en seconde ligne et remplacée par la division d'Escars, heureuse enfin de participer à la gloire et aux dangers des troupes de première ligne.

L'armée reprend, pour quelques jours, sa vie monotone du camp. Le génie trace des retranchements que l'infanterie exécute; ils ne seront, sans doute, pas très utiles, puisque, rendus prudents par leurs échecs successifs, les Arabes se gardent bien de descendre dans le vallon.

Malheureusement pour nos troupes, ils sont là invisibles derrière les crêtes, mais à bonne portée. On s'en aperçoit journellement d'après le chiffre des entrées à l'ambulance. Embusqués, tirant à l'aise, choisissant le moment où les compagnies se rassemblent pour aller à l'eau, au travail ou à diverses corvées du camp, ils font pleuvoir sur nos hommes des grêles de balles, et, malgré la maladresse des tireurs, la cible est si vaste que bien des coups portent. Dans les cinq jours qui viennent de s'écouler, du 24 au 29 juin, près de neuf cents hommes de la troisième division ont été atteints.

Les troupes s'énervent; leurs chefs, le généralissime lui-même, si calme d'habitude, si maître de lui, commencent à perdre patience. Il faut déloger l'ennemi de Bougiara ou battre en retraite.

En ce moment même, M. de Bourmont confère sous sa tente avec le duc d'Escars, commandant la troisième division et les chefs d'état-major général.

Les chefs de l'armée sont soucieux.

L'idée de battre en retraite a révolté leur orgueil; d'autre part, les munitions sont rares, à peine y en a-t-il encore pour un petit combat.

« Et après ? » interroge gravement le commandant du corps expéditionnaire, regardant tout à tour ses deux interlocuteurs.

Ils ne répondent rien, sentant combien la conduite de leur chef est sage et prudente.

Un lugubre silence règne dans la tente.

Aucune décision n'a encore été prise.

Pour la première fois peut-être, le doute et l'incertitude envahissent le cœur des vaillants officiers.

Pour avoir une contenance, le duc d'Escars souligne du geste les coups de feu isolés que l'on entend là-bas du côté des avant-postes.

Le front dans la main, M. de Bourmont médite.

Soudain, un galop de chevaux retentit, puis s'arrête net, et une voix joyeuse, une voix amie, une voix jeune, fait tressaillir les trois généraux. C'est celle du lieutenant des Orbiers envoyé en mission, à l'aube, mais qui ne devrait pourtant pas être encore de retour.

« Mon général, crie-t-il en sautant à terre, mon général, le convoi de Palma est entré ce matin en rade. Je l'ai vu moi-même; du haut de Staouéli j'ai compté les navires de transport. Aucun ne manque à l'appel; aussi ai-je cru devoir tourner bride et venir vous rendre compte.

— Merci, mon ami, s'écrie le général en chef, le visage illuminé d'une joie profonde; c'est la meilleure des nouvelles que vous puissiez m'apporter. Il était temps, messieurs, n'est-il pas vrai? ajouta M. de Bourmont s'adressant aux deux officiers généraux, qui acquiescèrent en silence. Enfin! nous avons nos vivres, nos chevaux, notre matériel de siége. Rien ne s'oppose plus à notre marche en avant. Demain, messieurs, nous prendrons la route d'Alger; mais auparavant il faut débusquer ces sauvages du Bougiara. Ce sera votre rôle, monsieur d'Escars. Vous nous enlèverez cela demain, avant la forte chaleur. Loverdo vous soutiendra, au besoin, à bonne distance.

— Merci, mon général, de l'honneur que vous faites à la troisième division, répondit le duc d'Escars en s'inclinant. Elle saura s'en rendre digne. »

Et il prit congé.

Le chef d'état-major ne s'attarda point. Il fallait rédiger les ordres pour le lendemain. Il traversa le camp. La bonne nouvelle s'était déjà répandue ; les hommes chantaient en astiquant leurs armes ; sur les crêtes voisines les Arabes tiraillaient toujours. Mais on n'y faisait plus attention. Seul, un planton du quartier général, sous-officier trois fois chevronné, assis à la turque devant les tentes de l'état-major, montrait dans un accès de fureur comique le poing à l'ennemi invisible et bougonnait dans sa barbe :

« Attendez, brigands, vous verrez demain ! »

Mais, ayant aperçu le chef d'état-major général, il se tut, se leva et fit le salut militaire. Le général rendit le salut, en souriant de la colère du vieux brave, et disparut sous la tente qui lui servait de cabinet de travail.

XIV

LA BLESSURE D'ABDALLAH

« Où vas-tu? cria Burlot.

— Mais là-bas, fit Abdallah montrant du geste la campagne ensoleillée. Je m'ennuie ici, maintenant que tout le monde est parti.

— Non, non, reprit l'ordonnance, tu ne dois pas quitter le camp. M. l'aumônier l'a défendu, et je ne veux pas être renvoyé à ma compagnie à cause de toi.

— Je t'en prie, Burlot, je t'en supplie, laisse-moi sortir, implora l'enfant d'un ton suppliant. Une heure, rien qu'une heure et je reviendrai. Et je n'irai pas loin, je te le promets. »

Mais Burlot restait inébranlable. Il secouait sa bonne tête bretonne d'un air désolé, mais répétait sans se lasser:

« Non, Abdallah! non, c'est la consigne. »

De fait, Burlot se souciait peu d'attraper une admonestation semblable à celle qu'il avait reçue du Père André le jour où, dans sa partie de campagne avec Abdallah, il avait rencontré les cavaliers ennemis.

Si le petit Arabe avait été chaudement félicité par les officiers de l'état-major, comme nous l'avons vu plus haut, il n'en avait pas été de même de maître Burlot, à qui le missionnaire avait intimé l'ordre de ne jamais plus laisser l'enfant franchir les lignes et aller vagabonder à travers champs.

Le Père André connaissait par expérience le caractère aventureux de son fils adoptif, et il ne voulait point qu'il s'exposât à des dangers sans profit ni pour l'armée ni pour lui-même.

A la mine sérieuse de Burlot, l'enfant vit qu'il perdait son temps et ses supplications.

« Comme tu voudras, dit-il avec un geste de dépit. Alors je vais dormir.

— Oui, va dormir, répondit l'ordonnance sans s'apercevoir de l'éclair de malice qui une seconde pétilla dans les yeux d'Abdallah. Je vais faire le pansage au cheval, et ce soir nous irons le promener sur la plage. »

Cette promenade du cheval était une des grandes distractions d'Abdallah. Cavalier de naissance comme tous ses compatriotes, il aimait à enfourcher l'animal et à le conduire le plus loin possible dans la mer, tandis que Burlot, resté prudemment sur le rivage, adressait à l'enfant des objurgations pleines de prudence, cherchant mais en vain à éveiller dans l'âme du gamin un sentiment de crainte qui l'empêchât de pousser trop au large ; mais Abdallah se riait des recommandations de son mentor, sa plus grande joie était de faire perdre pied au cheval et de le sentir à la nage. Il ne revenait au rivage que lorsque Burlot, à bout d'arguments, faisait mine d'aller se plaindre au Père André, chose qu'il n'eût d'ailleurs jamais faite, car il avait pris le jeune Arabe en grande affection et eût été désolé de le faire réprimander.

Abdallah n'avait pas la moindre velléité de sommeil, tout un plan d'école buissonnière venait de germer dans sa cervelle; mais pour le mettre à exécution il fallait tromper la surveillance de son gardien.

Lentement l'enfant s'achemina vers les tentes de l'ambulance, contourna deux ou trois fois celle qui servait de pharmacie, feignant de chercher un emplacement favorable pour faire sa sieste, puis s'étendit par terre, à l'ombre, enveloppé dans son burnous, et ne bougea plus. De loin, Burlot avait examiné ce petit manège sans y trouver rien de suspect. Quand, après quelques minutes, il vit la masse blanche que *formait* le corps de l'enfant s'élever et s'abaisser régulièrement comme si celui-ci était plongé dans un profond sommeil, l'ordonnance se rendit aux écuries pour faire le pansage.

Dans nos régiments, les écuries sont avec les cuisines l'endroit où l'on sait le plus rapidement les nouvelles. En contact permanent avec leurs officiers, qui ne se gênent pas pour parler devant eux, les soldats-ordonnances sont généralement fort bien informés de tout ce qui se passe.

Lorsque Burlot arriva à l'endroit occupé d'habitude par les chevaux du quartier général, il fut tout étonné de trouver un grand nombre de piquets disponibles; la plupart des chevaux étaient absents.

« On ne se bat pourtant pas aujourd'hui, dit-il à un garde d'écurie, philosophiquement couché par terre.

— Tu crois? répondit l'autre ricanant. Et ça, est-ce que c'est du tonnerre? » ajouta-t-il indiquant du geste la direction d'Alger.

De fait, on entendait dans le lointain de sourdes détonations.

« C'est ma foi vrai, reprit Buriot. Alors pour sûr que M. l'aumônier va partir, je vais toujours lui seller son cheval.

— Partir, ton aumônier ! mais il y a belle lurette qu'il est parti à pied avec les médecins et les mulets. Mais ce ne sera pas sérieux encore cette fois-ci. Nous ne ferons rien avant l'arrivée du convoi, c'est-à-dire avant cinq ou six jours, » affirma le soldat avec autant d'autorité que s'il eût été le général en chef de l'armée française exposant ses vues à ses généraux de division.

Buriot écoutait bouche bée. Le départ de son aumônier le stupéfiait ; jamais le Père André ne se mettait en route sans le prévenir.

Pourvu qu'il ne lui arrive rien, pensa de suite le brave garçon, incapable de rancune.

Puis, comme il n'avait pas d'ordres, il commença son pansage, écoutant d'une oreille attentive les considérations stratégiques et politiques de son camarade, un méridional bavard qui réglait sans sourciller, et en un tour de main, toute la question algérienne.

« Et le pacha, qu'est-ce que tu fais du pacha ? interrogea-t-il plein d'admiration pour la science de son compagnon.

— Le pacha, c'est bien simple, je... Sale bête, interrompit-il en colère, et se relevant vivement pour éviter un coup de pied. Sale bête, attends la matraque. »

Un cheval, atteint de coliques, se roulait avec frénésie, lançant en tous sens des ruades fantastiques dont l'une avait failli atteindre le disert garde d'écurie.

« Oh ! ne le bats pas, s'écria le brave Buriot s'interposant. Frictionne-lui plutôt le ventre. Tiens, je vais t'aider. »

Et les deux soldats, s'armant de bouchons de paille, se mirent en devoir de bouchonner le cheval, dont l'intervention intempestive priva ce jour-là Burlot de savoir ce que l'on ferait du pacha.

Cependant Abdallah ne dormait que d'un œil, ou plutôt il ne dormait pas du tout. Lorsqu'il eut cessé d'entendre le pas de l'ordonnance qui s'éloignait, il se souleva à demi et regarda autour de lui. Rien ne bougeait. Il prêta l'oreille. Derrière les toiles de tente de l'ambulance, on entendait quelques gémissements, des soupirs; un blessé avait le délire, il appelait sa mère.

« A boire! » disait un autre dévoré par la fièvre; puis c'était la voix de l'infirmier de garde.

Tous ces bruits étaient familiers à Abdallah. Il ne s'en préoccupa point. Ce qui attirait son attention, c'était au loin le roulement sourd qui s'élevait par instant de l'horizon sans bornes.

A certains moments, des détonations plus fortes que les autres se faisaient entendre; c'était sans doute les grosses pièces dont le généralissime avait fait armer le camp de Baché-Derré. Puis le crépitement de la fusillade, les feux de pelotons ou les feux de files, pensait Abdallah, car depuis qu'il avait fait le coup de feu avec les soldats français, il s'était fait expliquer par Burlot la signification des commandements et le mécanisme de la charge, ainsi que la théorie du tir.

Ainsi, on se battait là-bas à quelques kilomètres, et il n'était pas là pour regarder, pour applaudir au courage de ses amis les soldats; il allait peut-être manquer l'occasion de mériter encore une fois les éloges des officiers.

Cela n'était pas possible. Son parti fut bientôt pris.

Contournant les tentes de l'ambulance, il gagna bientôt celles du quartier général, puis arriva au camp de l'infanterie. Il était presque vide. Seuls, les éclopés et les indisponibles gardaient les abris. Toutes les troupes avaient été dirigées vers le Bouglara.

Abdallah arriva au front de bandière, personne ne fit attention à lui; d'ailleurs il était bien connu de l'armée. On le savait le protégé de l'aumônier du quartier général et des officiers de l'état-major; et personne n'eût songé à l'empêcher d'aller et de venir à sa guise à travers le camp. Seul, Burlot avait reçu la consigne de veiller sur l'enfant et de le faire rester à l'ambulance; or Burlot croyait dans la sincérité de son cœur Abdallah profondément endormi, et puis le brave garçon était à cette heure suspendu aux lèvres de son ami le garde d'écurie, qui précisément réglait magistralement le sort des janissaires et de la milice d'Alger.

Le petit Arabe avait donc le champ libre. Sans se presser, comme pour faire une petite promenade à faible distance du camp, il passa près du factionnaire devant les armes, et lui dit amicalement bonjour. Puis, obliquant vers la gauche, il gagna un bouquet de palmiers nains situé à trois cents mètres des lignes.

Là, se sentant en sûreté et masqué des vues du camp, il s'arrêta pour s'orienter.

En arrière de lui, les tentes des Français et tous les établissements militaires de Sidi-Ferruch, qui depuis le débarquement avaient pris un développement considérable.

A sa gauche, la mer immense sillonnée par les navires français, que leurs blanches voiles faisaient dans l'éloignement ressembler à de gigantesques mouettes.

Plus loin, de la surface unie de l'océan s'élevaient des colonnes de fumée noire ; c'étaient les bateaux à vapeur qui accomplissaient autour de l'escadre leur service de vedette ou de remorqueurs.

Sur la droite et en avant, s'étendaient à perte de vue les plateaux ondulés de la banlieue d'Alger, la colline de Staouéli illustrée quelques jours auparavant par la victoire de nos soldats, enfin les hauteurs du Bougiara que bientôt l'armée française allait emporter de haute lutte. C'est de ce côté que se portèrent instinctivement les regards d'Abdallah.

Il avait entendu raconter que le gros de nos forces s'était porté dans cette direction ; de plus, il percevait à intervalles assez rares, il est vrai, la grosse voix des canons de bronze et le crépitement de la fusillade.

Son parti fut bientôt pris, c'était vers le Bougiara, qui se profilait à l'horizon sur un ciel d'azur, qu'il se dirigeait. Il marcha longtemps, insensible à la fatigue ; le canon avait cessé de gronder, seuls des coups de fusil isolés se faisaient encore entendre.

Abdallah venait de gravir un mouvement de terrain assez élevé qui jusqu'alors lui avait dérobé une partie de la plaine, quand il s'arrêta stupéfait. Toute l'armée expéditionnaire était devant lui.

Dans un immense vallon encadré par des hauteurs boisées, les trois divisions avaient formé les faisceaux et faisaient le café.

Les fusils, soigneusement alignés sur le front des carrés, resplendissaient au soleil de midi ; entre la première et la deuxième division, l'artillerie jetait sa note sombre au milieu des uniformes éclatants de l'infanterie.

En arrière, la troisième division et les mulets du train de combat formaient un groupe à part.

Sur un tertre, à faible distance, flottait le fanion du général en chef; un va-et-vient ininterrompu d'officiers, d'estafettes et de plantons indiquait au plus ignorant que là se trouvait évidemment un haut personnage, celui sans doute à la voix duquel les troupes s'étaient lancées tête baissée à l'attaque des musulmans, enrichissant notre histoire militaire d'un nouveau triomphe.

Au fond de la vallée, coulait un ruisseau vers lequel des corvées se rendaient en bon ordre pour remplir les bidons.

En avant des divisions, à demi masquées par les ondulations du terrain, mais visibles cependant grâce aux éclairs que lançaient les armes frappées par les rayons solaires, des compagnies ou des pelotons d'infanterie s'étaient installés en grand'garde et veillaient à la sécurité des troupes au repos. Plus loin encore, vers le Bougiara, sur les ailes des divisions, nos vedettes l'œil au guet, l'arme en travers de la selle, prête à faire feu, examinaient l'horizon. Il ne fallait point qu'un parti ennemi essayât de pousser jusqu'à nos troupes pour y semer le désordre, diminuant ainsi l'effet moral produit par notre victoire de la matinée.

Car au moment où Abdallah, trompant la surveillance de Burlot, courait dans la direction d'Alger, l'armée de M. de Bourmont repoussait les Arabes jusqu'aux crêtes de Bougiara, dans le combat de Baché-Derré que nous avons raconté plus haut.

Après la bataille, l'armée avait reçu l'ordre de prendre quelques heures de repos, avant de s'installer au camp dont les officiers d'état-major étaient, à cet instant même, en train de déterminer l'emplacement.

Il n'y a rien de bien curieux à voir ici, se dit Abdallah; des soldats, des faisceaux, des mulets, j'en vois tous les jours. Allons un peu plus loin.

Il obliqua vers la droite, contourna à grande distance le vallon où se trouvaient les troupes, puis reprit sa direction primitive.

Soudain, un spectacle imprévu vint frapper ses regards. Devant lui, à quelques centaines de mètres à peine, des hommes, des soldats, allaient et venaient, s'arrêtant parfois, se baissant comme pour examiner quelque chose dans les hautes herbes, puis repartant pour recommencer plus loin le même manège.

Le petit Arabe se trouvait en plein champ de bataille, et les soldats qu'il apercevait étaient des infirmiers et des médecins qui faisaient une dernière tournée pour s'assurer qu'aucun blessé n'avait été oublié sur le terrain.

Conformément aux ordres du général, les infirmiers et les ambulanciers avaient conservé leur fusil en sautoir, pour pouvoir se défendre contre les attaques des pillards et des détrousseurs de cadavres dont on avait signalé plusieurs fois la présence sur le terrain des engagements précédents.

L'attention d'Abdallah se porta soudain sur une silhouette noire qu'il lui sembla reconnaître. Son cœur se mit à battre plus violemment.

« Le Père, » dit-il à mi-voix.

C'était en effet le missionnaire qui parcourait le champ de bataille, donnant une suprême bénédiction à ceux qui allaient mourir, leur promettant la récompense due aux braves soldats tombés en combattant pour la France et pour la croix, ayant pour chacun un mot d'encouragement et d'espoir.

Le premier mouvement du jeune Arabe fut de se précipiter à la rencontre du Père.

La crainte d'être réprimandé, renvoyé au camp, l'arrêta. Il se tapit derrière un buisson et attendit anxieux.

Le missionnaire s'avançait lentement. La partie du champ de bataille sur laquelle il se trouvait avait dû être le théâtre d'une sanglante action. Nombreux étaient les corps de soldats français ou de combattants arabes tombés à cet endroit pour ne plus se relever.

Doucement, avec d'infinies précautions, le Père André soulevait la tête de nos malheureux soldats, examinait leurs yeux, plaçait la main sur leur poitrine pour s'assurer que le cœur ne battait réellement plus, approchait de leurs lèvres décolorées un petit miroir qui lui permît de constater un souffle, si faible fût-il, et ne passait à un autre qu'après une courte mais fervente prière pour le repos de l'âme de celui qui n'était plus. Lorsque le terrain était par trop couvert ou embarrassé de broussailles, le missionnaire transportait le corps un peu plus loin, bien en vue, de manière que les corvées chargées d'enterrer les morts pussent le retrouver facilement et lui donner une sépulture de chrétien.

Le Père André s'était ainsi rapproché insensiblement du buisson derrière lequel se cachait Abdallah. Il en était à peine à cinquante mètres. L'enfant distinguait nettement ses traits, se rendait compte des moindres mouvements du prêtre.

Il le vit soudain se pencher vers la terre, puis se relever, fouiller dans une de ses poches, en retirer un flacon, puis s'agenouiller et disparaître presque entièrement dans les hautes herbes.

C'est un blessé, pensa Abdallah continuant à observer.

C'était en effet un blessé, un moribond plutôt. C'était miracle qu'il vécût encore: une balle dans la poitrine, le crâne fendu par un coup de sabre d'un janissaire, il avait eu la force de se traîner jusque-là, cherchant l'ombre des buissons et une goutte d'eau pour étancher sa soif dévorante.

Puis une syncope l'avait pris, et il allait mourir abandonné de tous. Le prêtre lui souleva la tête, lui introduisit de force entre les dents quelques gouttes d'un puissant cordial. Un soupir s'échappa des lèvres du malheureux. Ses yeux s'ouvrirent à demi, il sembla reconnaître les traits de l'aumônier, qui, élevant la main droite, prononça rapidement sur le soldat mourant les paroles de l'absolution. Une minute après ce n'était plus qu'un cadavre.

Le Père André, le cœur plein de détresse et d'angoisse, se releva pour continuer sa funèbre promenade. Il était à peine redressé, qu'un cri strident lui fit retourner la tête; un spectacle étrange s'offrait à sa vue.

A côté de lui, si près qu'il sentait sa respiration, un homme vêtu de haillons sordides, un long couteau à la main, se débattait à moitié étranglé par un enfant cramponné à ses épaules. Le Père n'eut pas le temps de faire un geste, d'étendre la main, de dire une parole que déjà le groupe singulier fuyait vers Alger; une minute plus tard, l'enfant se laissait choir en poussant un cri de douleur et l'homme repartait comme une flèche, puis une détonation retentissait et le fuyard s'abattait comme une masse.

Toute cette scène s'était déroulée en moins de temps qu'il ne faut pour la raconter; d'abord le Père André ne comprit point l'incident dont il était témoin, puis la lumière se fit éblouissante dans son esprit et dans son cœur: son fils adoptif venait pour la seconde fois de lui sauver la vie.

Voici ce qui s'était passé.

Au moment où le Père se penchait pour ranimer le soldat blessé, un craquement de branches avait éveillé l'attention d'Abdallah. Quelqu'un était là, derrière les buissons voisins de celui qui l'abritait. L'enfant avait prêté l'oreille. Son attente fut de peu de durée; bientôt une masse sombre sortit de derrière les buissons et rampa dans la direction du Père. A un moment elle s'arrêta écoutant. C'était un de ces pillards du champ de bataille qui suivent les colonnes en campagne, dépouillent les morts, achèvent les blessés, se rendent en un mot coupables de toutes les atrocités. Le bandit avait tourné la tête, ce qui avait permis à Abdallah de constater qu'il tenait entre ses dents un énorme coutelas.

Il va tuer le Père, pensa l'enfant, [illegible] s'élança en avant.

Le pillard avait repris sa route sur les genoux et sur les coudes. Il était à deux pas du missionnaire et il allait frapper.

C'est à ce moment que le petit Arabe avait bondi en poussant un cri d'alarme, et s'était [illegible]é, agile comme un singe, sur le dos du malfaiteur, lui entrelaçant dans la gorge ses petits doigts nerveux.

Le prêtre se redressait au même moment; il allait prêter main forte à Abdallah. Le détrousseur de cadavres se sentit perdu; il prit sa course, essayant mais en vain

Saisissant son poignard, il l'enfonça dans les flancs d'Abdallah.

de se débarrasser de l'enfant, qui, cramponné à ses épaules, voulait à tout prix livrer le malfaiteur à nos soldats. Une pensée sanglante traversa son esprit; saisissant son poignard, il l'enfonça dans le flanc d'Abdallah qui tomba baigné dans son sang.

Sauvé, pensa l'assassin respirant bruyamment et reprenant sa course. Mais au même moment une balle vengeresse, l'atteignant entre les épaules, le couchait dans la brousse.

Un des ambulanciers qui s'était peu à peu rapproché avait assisté à la scène et, ajustant le misérable, en avait fait justice.

« Il vivra, monsieur l'aumônier, je vous promets qu'il vivra, disait quelques minutes plus tard un chirurgien-major que l'ambulancier était allé chercher. Mais il s'en est fallu de peu que le cœur ne fût atteint. »

Le Père André frémit.

Abdallah était évanoui. La blessure était béante, l'enfant avait perdu beaucoup de sang; le couteau large et effilé avait pénétré profondément, mais par bonheur la pointe avait dévié sur une côte. Le major fit un pansement sommaire. Les ambulanciers avaient couru aux mulets et rapportaient un brancard; on y coucha Abdallah : quelques heures plus tard le petit Arabe était confortablement installé dans une couchette de l'ambulance.

Le médecin en chef avait confirmé le diagnostic du major. La blessure n'était pas mortelle. Tout le personnel de l'ambulance, qui adorait l'aumônier et Abdallah, avait accueilli cette bonne nouvelle avec une joie profonde.

Ces soldats, qui voyaient mourir journellement sans grande émotion un grand nombre de leurs camarades, eussent été au désespoir s'il fût arrivé malheur au petit Arabe. Aussi dans la soirée, lorsque l'infirmier de garde eut annoncé qu'Abdallah avait repris connaissance et n'avait pas trop de fièvre, ce fut une explosion de joie.

Seul, dans un coin de la tente, Burlot pleurait.

« Mais, grosse bête, lui disait l'ordonnance du lieutenant des Orbiers, si ton Arbi n'avait pas attrapé le coup de couteau, c'est M. l'aumônier qui y passait. Tu serais bien avancé.

— C'est vrai au fait, réfléchit le brave garçon. Je n'y avais pas songé. N'empêche que je ne sais comment M. l'aumônier va me recevoir pour avoir laissé échapper le gamin. »

Les appréhensions de Burlot étaient vaines.

Lorsque le Père André vit arriver son ordonnance, la figure bouleversée, les yeux encore pleins de larmes, il ne se sentit pas le courage de lui adresser des reproches.

« Tu es un brave garçon, Burlot, lui dit-il en lui tendant la main que celui-ci serra avec transport. Tu es un brave garçon, et je suis content de tes services. »

Rien ne pouvait faire plus de plaisir à maître Burlot que cette flatteuse appréciation ; il oublia son angoisse et se remit avec ardeur à l'astiquage du harnachement.

Cependant la nouvelle de la blessure d'Abdallah s'était répandue dans le quartier général. Les officiers d'ordonnance de M. de Bourmont avaient raconté à leur chef que, sans l'intervention providentielle du petit Arabe, l'aumônier courait grand risque d'être assassiné.

Le généralissime voulut témoigner sa satisfaction à Abdallah, qui, à l'âge où les autres enfants ne songent encore qu'à jouer, avait déjà donné des preuves de courage et d'héroïsme dont seraient fiers des hommes faits.

Il prescrivit que l'acte accompli par l'enfant serait porté à la connaissance des troupes par la voie de l'ordre; de plus, Abdallah serait signalé au ministre de la guerre comme digne d'une récompense toute particulière. Le général en chef demanderait que, par faveur, le jeune Arabe fût admis comme pupille dans l'armée française. En attendant la décision du ministre, M. de Bourmont prescrivait qu'un uniforme analogue à celui de nos troupes légères serait donné à Abdallah, et qu'il serait autorisé à accompagner en armes la garde du quartier général pendant la marche en avant.

Ces bonnes nouvelles furent portées au Père André et à Abdallah par un des fils même du général en chef, le lieutenant de Bourmont, qui, arrivé récemment avec ses trois frères, avait été attaché à l'état-major de son père.

« Te voilà presque Français, dit au petit blessé l'infirmier de garde lorsque la copie de l'ordre eut été déposée entre les mains de l'enfant.

— Oui, répondit-il, mais j'aurais voulu être guéri pour entrer à Alger ce jour-là; j'aurais été Français tout à fait. Ce qui me chagrine, c'est de penser que je vais rester ici dans un lit quand tout le monde va aller se battre. »

Et une grosse larme perla aux cils du brave enfant, qui, épuisé, laissa retomber sa tête sur l'oreiller et s'endormit d'un sommeil de plomb.

Au même instant, le sous-officier de jour apportait aux diverses unités représentées au quartier général l'ordre de M. de Bourmont pour l'attaque d'Alger.

XV

LA DÉFAITE DU CROISSANT

La journée du 29 juin 1830 s'annonçait splendide; pas un nuage ne jetait dans l'azur foncé du ciel une note sombre et discordante; une brise légère soufflait de la mer, qui tempérerait, sans doute, un peu l'ardente chaleur du soleil d'Afrique.

Dès trois heures du matin, l'armée française était sous les armes; l'ordre pour l'attaque avait été lu aux troupes, dont les chefs avaient peine à maîtriser l'ardeur. Tous brûlaient du désir de se distinguer dans cette action, qui, selon l'opinion générale, devait être décisive; nos soldats étaient fatigués de cette période de demi-repos où, sans quitter le camp, on était astreint à examiner de loin les évolutions des cavaliers dans la plaine; ils rêvaient de donner l'assaut à ces crêtes escarpées du Bougiara, derrière lesquelles apparaissait par intervalles la blancheur éclatante d'un burnous arabe ou la couleur écarlate d'un fez turc.

Leur ambition allait être satisfaite. A trois heures et demie, les colonnes s'ébranlèrent. Tout le corps expéditionnaire était en ligne, sauf deux brigades, dont l'une devait garder le camp de Sidi-Ferruch et l'autre surveiller nos communications avec la mer.

C'était un spectacle imposant que celui de ces immenses carrés vivants marchant alignés à travers la plaine, sans qu'un autre bruit que celui des commandements vînt troubler le silence scrupuleusement observé par nos soldats disciplinés.

Au centre de la ligne des carrés s'avançait le général en chef et son état-major. M. de Bourmont avait tenu à pénétrer un des premiers dans la position ennemie. Autour de lui nous retrouvons nos anciennes connaissances, les chef et sous-chef d'état-major, les officiers d'ordonnance Muratel et des Orbiers ; enfin les fils même du généralissime, les deux lieutenants de Bourmont, qui servaient auprès de leur père en qualité d'aides de camp. Deux autres fils du général prenaient part à l'expédition comme officiers de troupe et ne se trouvaient pas au quartier général.

Dans ce groupe chamarré d'or et de broderies, car les officiers de l'ancienne armée prenaient pour combattre leur tenue la plus brillante, on distinguait la haute stature de l'aumônier, autorisé spécialement à suivre en première ligne les opérations de la journée.

Avant de monter à cheval, le Père André avait rendu visite à son petit blessé. L'enfant allait aussi bien que possible, la plaie était belle; aucune complication n'était à craindre. Dans quelques semaines, lorsque les forces seraient revenues, Abdallah pourrait endosser le bel uniforme que le tailleur du quartier général confectionnait à son intention. Mais en entendant les appels du clairon et de la trompette, en devinant autour de lui le mouvement d'une troupe qui lève le camp et continue sa route, le jeune Arabe avait le cœur bien gros de se sentir cloué sur un lit d'ambulance ; et lorsque son père adoptif entra dans sa tente pour prendre de ses nouvelles et le serrer dans ses bras avant le départ, Abdallah éclata en sanglots. Le prêtre eut beaucoup de mal à le consoler, à lui faire promettre de prendre patience et de ne point commettre d'imprudences. Il le recommanda tout spécialement à la vigilance de l'infirmier de garde, qui jura de ne point perdre de vue le petit blessé. Avec son tempérament vif et irréfléchi, Abdallah eût bien été capable en effet de faire appel à toute son énergie, et, domptant la souffrance, de se lever pour aller au dehors examiner la marche de la bataille qui se préparait. Et il fallait à tout prix éviter qu'une complication se produisît, retardant la convalescence, peut-être même mettant en danger la vie de l'enfant.

L'aumônier quitta l'ambulance, laissant Abdallah un peu consolé par la promesse qu'il viendrait aussitôt la journée terminée lui raconter ce qui se serait passé au Bougiara ; et il rejoignit l'état-major au moment où les clairons de la première division sonnaient en avant.

L'armée traversa la plaine au pas de charge ; l'ardeur était extraordinaire. A dix heures du matin, les brigades d'attaque se trouvaient rassemblées au pied du Bougiara. A quelques centaines de pas en arrière étaient les brigades de réserve ; plus en arrière encore la réserve générale de l'armée.

Au cri de : « Vive le roi ! » les régiments de première ligne s'élancèrent et gravirent l'escarpement. Les batail-

L'armée française traversa la plaine au pas de charge.

lons marchaient par échelons. Sitôt que l'un d'eux avait franchi cent mètres, il s'arrêtait, s'embusquait derrière les rochers ou les autres accidents du sol et ouvrait le feu sur les Arabes assez malavisés pour se montrer derrière la crête.

La marche continua ainsi dans le plus grand ordre, sans que nos hommes subissent de pertes sérieuses. A midi précis, la charge retentissait sur toute la ligne, et les régiments de tête, drapeaux déployés, prenaient pied sur le plateau, bousculant les derniers défenseurs turcs, qui fuyaient en désordre vers Alger, abandonnant leur artillerie.

Bougiara était à nous. La capitale ne tarderait point à tomber entre nos mains.

Tandis que les divisions françaises se reformaient et s'établissaient au camp sur le plateau même qu'elles venaient d'enlever, le général en chef donnait ses ordres pour l'attaque de la ville. Le sort de celle-ci dépendait uniquement de celui d'un fort turc, le Fort-l'Empereur, qui dominait l'enceinte et protégeait Alger du côté de la campagne.

Il fallait absolument s'emparer du Fort-l'Empereur. Quelques heures à peine après l'occupation de Bougiara, une colonne de travailleurs empruntés à l'infanterie et guidée par des officiers du génie déboucha sur le plateau. A la nuit tombante, on ouvrit la tranchée à deux cent cinquante mètres à peine des glacis du fort.

« Faites vite, avait prescrit le général en chef à son chef d'état-major et aux commandants de l'artillerie et du génie de l'armée. Faites vite. Il me faut Alger avant huit jours.

— Vous l'aurez avant, » avaient répliqué les généraux avec une assurance qui fit sourire M. de Bourmont.

Et, de fait, les travaux avançaient avec une rapidité incroyable. Malgré les tentatives désespérées des Arabes qui effectuèrent plusieurs sorties, les tranchées étaient terminées dans la nuit du 3 juillet; les batteries de siège étaient armées de leurs pièces de gros calibre et abondamment approvisionnées de poudre et de projectiles.

Le lendemain, une fusée colorée qui s'éleva joyeusement dans les airs et alla retomber dans la ville donna le signal du bombardement. Toutes les batteries commencèrent le feu contre les murailles du Fort-l'Empereur.

Celui-ci était puissamment armé ; la milice turque qui le défendait se montra digne, cette fois, de sa vieille réputation de bravoure et fit oublier ses défaillance des jours précédents. Les canonniers surtout furent admirables; ils se firent bravement tuer sur leurs pièces, qu'ils servirent jusqu'à la dernière minute. Mais la résistance devait avoir un terme ; après quelques heures d'un feu violent et continu, les murailles du Fort-l'Empereur, incessamment battues par les obus et les boulets, étaient en grande partie détruites ; les canons renversés et mis hors d'usage ; des monceaux de cadavres couvraient les terre-pleins de la forteresse, remplissaient les fossés. La position n'était plus tenable. A plusieurs reprises les officiers turcs qui s'étaient succédé dans le commandement du fort, car la mitraille française avait fauché plusieurs d'entre eux, avaient envoyé des rapports à Hussein-pacha, lui rendant compte de l'état lamentable dans lequel se trouvait la citadelle. Le dey avait chaque fois répondu par l'ordre laconique : « Tenir jusqu'à la mort. » Puis, voulant se rendre compte par lui-même de la situation, il était monté à cheval et avait au galop franchi, en quelques minutes, la distance qui sépare la Casbah du fort. A peine y arrivait-il, qu'un coup de mitraille renversait autour de lui les artilleurs de la dernière pièce qui tirait encore derrière un parapet à moitié démoli.

« Remplace les servants, » dit-il, impassible, au pacha qui commandait le fort.

Celui-ci n'eut pas le temps d'obéir; un obus énorme lancé par une des batteries de siège vint frapper en plein l'affût de la pièce, qui tomba sur les débris du rempart, inutile désormais. Le feu des Algériens était complètement éteint. Hussein vit alors que la résistance n'était plus possible.

« Le feu aux poudres, » dit-il d'un ton bref.

Et, lentement, il fit demi-tour et redescendit vers Alger. Il n'avait pas fait cent mètres qu'une épouvantable détonation déchira l'air, répercutée par les collines du Sahel.

Les derniers défenseurs de la forteresse avaient exécuté l'ordre; Fort-l'Empereur n'existait plus.

Stupéfaits de cet acte de désespoir, les artilleurs français avaient instinctivement interrompu le tir. Des débris de toute nature, des morceaux de gabions, des pièces de bois, de fer et de fonte, de la terre et des pierres, avaient été projetés jusque dans les batteries de siège; un épais nuage de fumée obscurcissait le soleil.

« Garde à vous! » avait commandé le major de tranchée.

La garde de tranchée avait chargé ses armes, prête à repousser un assaut si, comme on le croyait, les Turcs survivants recouraient à cette tentative désespérée.

Mais le silence se faisait; parfois des cris de blessés et

de mourants s'élevaient de la ville, derrière le rideau de poudre qui commençait à se dissiper.

Lorsqu'on put enfin distinguer la scène du drame, on n'aperçut plus qu'un amas de décombres.

« En avant, pas gymnastique! » cria une voix forte, celle du général Hurel, accouru pour prendre le commandement des troupes de tranchée.

Le bataillon de garde surgit comme de dessous terre et courut prendre possession des ruines. De l'endroit où se trouvait naguère Fort-l'Empereur on distinguait nettement Alger.

Le généralissime arrivait sur le terrain de l'action. Il examina un instant la position, montra du doigt la ville, la rade et le fort Bab-Azoun, cueillit au passage un geste d'assentiment du chef d'état-major général et du commandant de l'artillerie, et rentra au camp.

Les officiers d'état-major partaient au galop pour transmettre les ordres. Bientôt le canon retentit de nouveau : c'étaient les pièces de siège que l'on pointait sur le fort Bab-Azoun.

« La moitié des pièces sur le fort, l'autre moitié sur la Casbah, avait dit le général.

— Mes pièces sont prêtes, » cria joyeusement le commandant des batteries destinées à détruire le palais d'Hussein-dey.

Mais le brave officier n'eut point la satisfaction de canonner le repaire du pacha. Au moment où, le sabre levé, il allait donner le signal du bombardement, un commandement retentit derrière lui.

« Cessez le feu, disait une voix bien connue, celle du général Hurel. Vos hommes au repos, colonel ; le pacha capitule. »

Le colonel obéit à regret ; il se faisait une fête de déposer comme avec la main les gros projectiles de ses canons dans les appartements de Sa Hautesse, disait-il.

Enfin, puisque le Turc capitulait !

Les canonniers français quittèrent leurs postes de combat et profitèrent du répit qui leur était accordé pour ouvrir les sacs et manger un morceau.

Des événements importants venaient, en effet, de se passer au quartier général.

Dès que le feu avait repris contre Bab-Azoun, un parlementaire, Sidi-Moustapha, secrétaire intime du dey, s'était présenté et avait demandé la cessation du bombardement.

Le chef des pirates algériens, l'indomptable Hussein, s'humiliait enfin devant la France ; abandonné par les Arabes, menacé par ses propres soldats, il envoyait implorer la commisération des vainqueurs.

Sidi-Moustapha fut reçu par le général Deprez, qui le conduisit à la tente du général en chef.

Dès qu'il fut en sa présence, le secrétaire du dey se prosterna jusqu'à terre et prononça en arabe les paroles suivantes, qu'un interprète reproduisit mot à mot :

« O invincible tête des armées du plus grand sultan de notre siècle, Dieu est pour toi et pour tes drapeaux ; mais la clémence de Dieu commande la modération après la victoire. La prudence humaine la conseille comme le moyen le plus sûr de désarmer tout à fait l'ennemi vaincu. Hussein-pacha baise la poussière de tes pieds et se repent d'avoir rompu ses anciennes relations avec le grand et puissant Melek Charal (le roi Charles X). Il reconnaît aujourd'hui que quand les Algériens sont en guerre avec le roi de France, ils ne doivent pas faire la prière du soir avant d'avoir obtenu la paix. Il fait amende honorable pour l'insulte commise sur la personne de son consul ; il renonce, malgré la pauvreté de son trésor, à ses anciennes créances sur la France ; bien plus, il payera les frais de la guerre. Moyennant ces satisfactions, notre maître espère que tu lui laisseras la vie sauve, le trône d'Alger, et que, de plus, tu retireras ton armée de la terre d'Afrique et tes vaisseaux de la côte.

— Il ne manque pas d'aplomb, maître Hussein-pacha, disait tout bas des Orbiers à Muratel ; car le généralissime avait tenu à ce que tout son état-major assistât à l'audience du parlementaire. Ah çà ! ce moricaud s'imagine que nous nous sommes dérangés tout exprès pour venir écouter son boniment, et que bien gentiment nous allons repasser l'eau en le laissant sur son trône. Ah ! non, par exemple ! »

Des Orbiers se tut. M. de Bourmont prenait la parole ; un interprète du quartier général traduisait à Moustapha les phrases prononcées par le généralissime.

D'ailleurs, pour que les volontés du chef de l'armée française ne laissassent aucun doute dans l'esprit du dey et lui fussent fidèlement transmises, la réponse de M. de Bourmont avait été transcrite en français et en arabe sur une feuille de papier aux armes de France ; cette pièce fut remise à Moustapha après lecture, par le général Deprez. Voici ce qu'elle contenait :

« Le sort de la ville d'Alger et de la Casbah est dans mes mains, car je suis maître de Fort-l'Empereur et de toutes les positions voisines. En quelques heures, les cent pièces de canon de l'armée française et celles que j'ai enlevées auront fait de la Casbah et de la ville un monceau de ruines, et alors Hussein-pacha et les Algériens auront le sort des populations et des troupes qui se trouvent dans les villes prises d'assaut.

« Si Hussein veut avoir la vie sauve pour lui, les Turcs et les habitants de la ville, qu'ils se rendent tous à merci et remettent sur-le-champ aux troupes françaises la Casbah, tous les forts de la ville et les forts extérieurs. »

La mort dans le cœur, mais ne laissant rien paraître de son angoisse, Moustapha s'inclina devant le général et rentra à Alger pour rendre compte de sa mission. Au moment où il pénétrait à la Casbah, il se croisa avec le ministre des affaires étrangères, que le dey avait envoyé auprès de l'amiral Duperré pour le supplier d'accorder à la régence la paix qu'elle demandait au prix de conditions acceptables. L'amiral avait, naturellement, décliné toute compétence et renvoyé le négociateur au généralissime, qui n'avait même pas voulu le recevoir.

Hussein-pacha écouta sans mot dire le compte rendu de ses deux envoyés.

« C'est bien, dit-il, allez ; j'ai encore quelqu'un à recevoir ; dans une heure je vous rappellerai. »

Le personnage qu'attendait le dey n'était autre que le consul de la Grande-Bretagne, qui avait de son côté fait une démarche auprès du commandant des troupes françaises, mais avait été poliment éconduit.

Son visage consterné, lorsqu'il entra chez Hussein, disait assez l'échec de sa mission.

« C'est écrit ! » murmura le pacha, sans même interroger l'Anglais, qui se retira immédiatement et regagna son consulat, attendant les événements.

Le dey fit rappeler Moustapha, conféra quelques minutes avec lui, puis se réfugia dans un des appartements les plus reculés et les plus inaccessibles de la Casbah, tandis que son secrétaire retournait à Fort-l'Empereur.

Les deux heures qui lui avaient été accordées étaient écoulées. En approchant des tranchées il aperçut les pièces en batterie, les artilleurs à leurs postes, mèche allumée, prêts à faire feu.

La menace de M. de Bourmont n'était pas vaine. Encore quelques minutes et la ville allait être réduite en cendres.

« Hâtons-nous, dit-il aux deux Arabes qui l'accompagnaient. Hâtons-nous, il n'est que temps. »

On introduisit les trois hommes chez le général. Le secrétaire du dey avait tenu à se faire escorter par des habitants d'Alger, deux riches Arabes dont l'un, Abou-Derbah, avait longtemps habité Marseille et parlait fort correctement le français.

Ce fut lui qui porta la parole.

La teneur des conditions imposées par M. de Bourmont avait, dit-il, semé l'inquiétude parmi les Algériens, qui se demandaient avec effroi la signification de ces mots : « Se rendre à merci. » Il semblait à tous que le vainqueur exigeait d'eux le sacrifice absolu de leurs personnes, de leurs familles et de leurs propriétés ; or, plutôt que de se soumettre à ses exigences, ils préféraient s'ensevelir sous les ruines d'Alger.

Abou-Derbah déploya toute son éloquence afin de convaincre le général que, pour terminer la guerre, il suffisait de ramener les esprits, de rendre plus saisissables les termes de la capitulation et de les faire expliquer au Divan par un interprète de l'armée.

M. de Bourmont reconnut la justesse des observations respectueusement formulées par Abou-Derbah ; après avoir conféré quelques minutes avec les officiers généraux sous ses ordres, il signa une convention préliminaire que M. de Bracewitz, interprète de l'armée, accompagné des Arabes et de Moustapha, porta immédiatement à la Casbah.

Voici en quels termes était rédigée cette convention :

« 1° L'armée française prendra possession de la ville d'Alger, de la Casbah et de tous les forts qui en dépendent, ainsi que de toutes les propriétés publiques, demain 5 juillet 1830, à dix heures du matin ;

« 2° La religion et les coutumes des habitants seront respectées ; aucun militaire de l'armée française ne pourra entrer dans les mosquées ;

« 3° Le dey et tous les Turcs devront quitter Alger dans le plus bref délai. On leur garantit la conservation de leurs richesses personnelles. Ils seront libres de choisir le lieu de leur retraite. »

Il fallait à peine un quart d'heure pour se rendre du camp des Français à la Casbah. Cependant l'interprète et ses compagnons mirent plus d'une heure pour accomplir ce court trajet. La population algérienne encombrait les rues conduisant au palais du dey ; des groupes hostiles se formaient, qu'il fallait contourner pour ne point exposer l'envoyé français à des manifestations brutales, que la police d'Hussein eût été impuissante à réprimer ; car la foule mauvaise et cruelle sentait que le règne du pacha était terminé et n'aurait point manqué l'occasion de se livrer à ses instincts sanguinaires si une ligne sombre, celle des crêtes, des batteries de siège se profilant sur le ciel, n'eût pas indiqué aux Algériens que la première tentative de violence serait le signal d'un bombardement général.

Plusieurs fois, Moustapha dut porter la main à son cimeterre, pour intimider les bandits qui, accourus de tous les repaires environnant la capitale, flairant la révolution, le désordre et le pillage, voulaient, pour se faire la main sans doute, attenter aux jours de l'envoyé français.

Le groupe arriva cependant sain et sauf au palais. Hussein-dey attendait anxieux. Sa morgue avait complètement disparu; ce n'était plus le potentat orgueilleux et cruel que nous avons dépeint plus haut, recevant avec arrogance les envoyés du roi de France; c'était aujourd'hui un vaincu attendant humblement la décision de son vainqueur, et n'espérant plus qu'en sa clémence et sa miséricorde.

Après les salutations d'usage, sur un signe de son maître, Moustapha donna lecture des articles de la nouvelle convention.

Hussein écouta, sans protester, les termes de la capitulation. Un esclave se tenait à sa droite, porteur d'un roseau et d'un encrier arabe. D'un geste brusque il saisit le roseau, le plongea dans l'encrier et traça sa signature au bas de la feuille officielle.

Il avait la vie sauve et conservait ses richesses; c'était plus qu'il n'avait osé espérer.

Mais s'il pouvait disposer de sa fortune, il ne pouvait, suivant les lois constitutives de la régence, céder tout ou partie du territoire sans le consentement de la milice.

Le Divan fut convoqué pour le lendemain; la suprême partie allait se jouer. Peut-être une révolution intérieure allait-elle, en supprimant le dey, remettre tout en question; peut-être même, jouant leur va-tout, les janissaires allaient-ils mettre à mort en même temps que le pacha l'envoyé français, puis, dans un coup de folie, mettre le feu aux poudrières réparties dans la ville et s'ensevelir sous les décombres d'Alger la Blanche.

Le dey savait ses soldats capables de tout. Aussi pour sauvegarder, autant que lui permettait encore l'ombre d'autorité dont il disposait, la vie de M. de Bracewitz, ordonna-t-il de le conduire dans ses appartements particuliers, où des esclaves noirs, étrangers à tout ce qui se passait dans la ville, devaient veiller sur lui.

Puis il attendit fiévreusement la journée du lendemain.

XVI

LA FRANCE EN AFRIQUE

Le dernier jour de la puissance barbaresque avait lui. La prophétie du marabout, celle que commentaient les vieillards d'Alger à l'époque où, ivre d'orgueil et de puissance, Hussein-pacha faisait à notre nation une insulte qui ne se pardonne pas, allait se réaliser. Bientôt le drapeau français flotterait sur la Casbah.

Le dey, accoudé à une balustrade de pierre des jardins, les yeux tournés vers la mer, repassait mélancoliquement dans son esprit les événements qui s'étaient précipités depuis quelques mois et l'avaient conduit à l'abîme dans lequel son trône allait s'effondrer. Absorbé dans ses réflexions, il n'entendit pas l'approche de son secrétaire, qui venait le prévenir que l'heure de la suprême décision venait de sonner. Moustapha s'arrêta respectueusement à quelques pas de son souverain, n'osant interrompre sa rêverie. Malgré sa déchéance imminente, Hussein-dey inspirait encore de la crainte à son entourage, et le secrétaire, qui vivait à ses côtés depuis de longues années, savait qu'on ne pouvait impunément s'affranchir des formes du plus profond respect envers le chef des Algériens.

Il fallait cependant le prévenir; l'heure s'avançait; les Français attendaient la ratification de la capitulation.

Moustapha fit un pas en avant, appuyant avec force ses pieds sur le sable du jardin. Le grincement des cailloux attira l'attention du dey, qui détourna la tête et aperçut son secrétaire.

« Maître, dit Moustapha en s'inclinant, les janissaires attendent au Divan le bon plaisir de Ta Hautesse. »

Sans mot dire, Hussein reprit le chemin du palais, suivi par le secrétaire, et entra dans la cour du Divan.

Elle était remplie de janissaires criant, hurlant, gesticulant; c'est à peine si l'arrivée du souverain attira leur attention. Hussein s'installa à sa place accoutumée; debout autour de lui vinrent se ranger les ministres et quelques consuls étrangers. L'irritation de l'assemblée était violente; seul le dey demeurait calme, mais son visage portait les traces de son souci et de sa tristesse.

Il fit un signe de la main; un silence relatif s'établit, et l'interprète français, M. de Bracewitz, fut introduit.

Il était porteur des conditions écrites sous la dictée de M. de Bourmont.

Le dey lui fit signe d'approcher. M. de Bracewitz salua Hussein, lui adressa quelques mots respectueux sur la mission dont il était chargé, et d'un ton de voix ferme et assuré lui donna lecture en arabe des articles suivants de la capitulation.

« 1° L'armée française prendra possession de la ville d'Alger, de la Casbah, de tous les forts qui en dépendent, ainsi que de toutes les propriétés publiques, demain

5 juillet 1830, à dix heures du matin, heure française. »

Les premiers mots de cet article excitèrent une rumeur sourde qui augmenta encore lorsque l'interprète prononça les mots : « A dix heures du matin. »

Un geste du dey réprima ce mouvement.

M. de Bracewitz continua :

2° La religion et les coutumes des Algériens seront respectées; aucun militaire de l'armée ne pourra entrer dans les mosquées. »

Cet article excita une satisfaction générale. Le dey regarda toutes les personnes qui l'entouraient comme pour jouir de leur approbation, puis il fit signe à l'interprète de continuer.

« 3° Le dey et les Turcs devront quitter Alger dans le plus bref délai.

A ces mots un cri de rage retentit de toutes parts. Le dey pâlit, se leva et jeta autour de lui des regards inquiets. On n'entendait que ces mots répétés avec fureur par tous les janissaires : « *El mout! el mout!* (la mort! la mort!) »

M. de Bracewitz se retourna au bruit des yatagans et des poignards qu'on tirait des fourreaux; il vit leurs lames briller au-dessus de sa tête.

Conservant une contenance ferme, il regarda fixement le dey, qui, comprenant l'expression de son regard et redoutant une nouvelle et irréparable atteinte au droit des gens, descendit de son divan, s'avança d'un air furieux vers la multitude effrénée, ordonna le silence d'une voix forte et fit signe de continuer.

Ce ne fut pas sans peine que l'interprète put faire entendre la suite de l'article qui garantissait aux Turcs exilés la conservation de leurs richesses personnelles et les autorisait à choisir le lieu de leur retraite.

Des groupes se formèrent à l'instant dans la cour du Divan; des discussions vives et animées avaient lieu entre les officiers turcs; les plus jeunes demandaient à défendre la ville. L'ordre enfin se rétablit, et les vieillards, les membres les plus influents du Divan et le dey lui-même leur persuadèrent que la défense était impossible, et qu'elle ne pouvait amener que la destruction totale d'Alger et le massacre de la population.

Les Turcs se résignèrent enfin et sortirent du palais, en laissant au pacha le soin de discuter les articles de la capitulation.

Après de longs débats, le chef de la régence et ses ministres apposèrent leur signature au bas de l'acte qui consacrait leur déchéance.

Outre les articles que nous avons relatés, des dispositions spéciales faisaient du dey et de sa famille les protégés du général en chef, qui lui accordait une garde pour tout le temps qu'il demeurerait à Alger.

Les troupes françaises devaient prendre possession de la Casbah et des forts de la ville et de la marine à dix heures le même jour; mais, sur la demande du bey, l'occupation n'eut lieu que deux heures plus tard.

A midi précis le canon tonnait, à blanc cette fois. Les pièces des batteries de terre, celles des vaisseaux ancrés à l'entrée du port saluaient le drapeau de la France arboré simultanément sur les tours de la Casbah et au sommet des minarets de la ville d'Alger.

Le gouvernement fondé trois siècles auparavant par le corsaire Barberousse avait cessé d'exister.

Dans cette expédition si rapide et si glorieuse, la marine et l'armée avaient également fait leur devoir.

La marine avait rendu d'immenses services par la célérité de ses préparatifs et l'heureuse habileté du débarquement; elle avait couru et bravé les périls d'une véritable tempête et prêté un utile concours en canonnant les forteresses qui défendaient l'entrée du port.

Quant à l'armée de terre, elle avait en vingt jours défait l'ennemi dans deux batailles, livré ou soutenu une multitude d'engagements et pris une ville qui passait pour imprenable.

Toute gloire militaire s'achète au prix du sang. La France, en 1830, paya chèrement la sienne; mais du moins l'Europe et la civilisation étaient vengées.

Quant au général en chef, à qui un aide de camp du roi apportait quelques jours plus tard le bâton et le brevet de maréchal de France, il s'était montré prudent, sans faiblesse, et brave sans ostentation. Parfois il s'était révélé plus temporisateur qu'audacieux; mais on ne saurait lui faire un blâme de ses hésitations. Sa tâche était lourde, et il se sentait d'autant plus engagé qu'il avait à faire oublier, par une éclatante victoire, l'éclatante défection de 1815.

Ce fut avec une touchante simplicité qu'après un des combats précédant l'attaque de la ville, il rendit compte au ministre de la blessure d'un de ses fils :

« Le nombre des hommes mis hors de combat, écrivait-il, a été peu considérable; un seul officier a été blessé dangereusement, c'est le second des quatre fils qui m'ont suivi en Afrique. J'espère qu'il vivra pour continuer de servir avec dévouement le roi et la patrie. »

Cette espérance fut déçue : les événements politiques se précipitaient en France; le trône de Charles X était renversé; le drapeau fleurdelisé cédait la place au drapeau tricolore; et quelques semaines plus tard le maréchal de Bourmont, remplacé dans son commandement par le général Clauzel, partait pour l'Espagne, à bord d'un navire autrichien. Il était entré en triomphateur dans la Régence, ce fut en proscrit qu'il s'éloigna du théâtre de sa victoire.

Les résultats de celle-ci étaient considérables. La France s'implantait dans l'Afrique du nord, qu'elle ne devait jamais plus quitter; d'autre part, le trésor algérien renfermait près de cinquante-six millions de francs; or le total des dépenses de l'expédition pour la guerre et la marine ne s'élevait pas à quarante-neuf millions. Ce furent donc sept millions de francs au bas mot qui entrèrent dans les caisses françaises, sans compter la valeur de huit cents bouches à feu en fonte, d'une immense quantité de projectiles et de poudre de guerre, ainsi que la valeur des propriétés publiques.

Les autorités françaises exécutèrent scrupuleusement les articles de la capitulation qui mettait Alger entre leurs mains.

Hussein-Pacha, avant de s'embarquer sur la frégate française qui devait le conduire à Naples, qu'il avait choisie pour résidence, se montra particulièrement reconnaissant des égards témoignés à sa personne et à son infortune. Dans la visite d'adieu qu'il fit au chef de l'armée, il s'expliqua avec une entière franchise sur les hommes de la Régence et donna sur leur caractère et leurs mœurs de précieuses indications.

« Débarrassez-vous, dit-il, et le plus tôt possible, des janissaires turcs; accoutumés à commander en maîtres, ils ne pourront jamais consentir à vivre dans l'ordre et la soumission. Les Maures sont timides, vous les gouvernerez sans peine; mais n'accordez jamais une entière confiance à leurs discours. Quant aux Arabes nomades, ils ne sont pas à craindre, les bons traitements les attachent et les rendent dociles et dévoués; des persécutions vous les feraient perdre promptement. Ils s'éloigneraient avec leurs troupeaux et porteraient leur industrie jusque dans les plus hautes montagnes; ou bien ils passeraient dans les États de Tunis. Les Kabyles n'ont jamais aimé les étrangers; ils se détestent entre eux. Évitez une guerre générale contre cette population, vous n'en tireriez aucun avantage. Mais adoptez à leur égard le plan constamment suivi par les deys d'Alger, c'est-à-dire divisez-les et profitez de leurs querelles. Quant aux gouverneurs des trois provinces, changez-les; ce serait de votre part une bien grande imprudence que de les conserver; comme Turcs et comme Mahométans ils ne pourront que vous haïr. Je vous recommande surtout de vous tenir en garde contre le bey de Titteri; c'est un fourbe. Il viendra s'offrir, il promettra d'être fidèle, mais il vous trahira à la première occasion. Le bey de Constantine est moins perfide et moins dangereux; le bey d'Oran est un honnête homme, sa parole est sacrée; mais, mahométan rigide, il ne consentira pas à vous servir; il est aimé dans sa province. Votre intérêt exige que vous l'éloigniez du pays. »

Ainsi parla Hussein-dey; ses conseils furent reconnus par la suite excellents. Malheureusement l'administration

« Père, moi aussi je serai soldat. »

française commit la faute de ne pas en tenir compte, et cette négligence coûta à notre pays beaucoup d'argent et de sang.

Le départ d'Hussein fut suivi le lendemain de celui des janissaires, que l'on expédia sur Smyrne. Par une faveur toute spéciale, les Turcs mariés furent autorisés à rester dans la Régence; on supposait que la crainte de compromettre leur fortune et l'existence de leurs familles répondrait de leur soumission.

Le 11 juillet 1830, toute l'organisation militaire de la Régence était dissoute et remplacée par l'administration militaire française.

Tandis que nos troupes prenaient possession de la ville d'Alger, et qu'au son du canon, drapeaux déployés, les régiments défilaient sur la marine, devant le général en chef, une scène d'un autre genre se passait à l'ambulance, autour du lit dans lequel reposait, faible encore, mais radieux, le jeune Abdallah.

Dès que la capitulation avait été signée, sur un ordre spécial du comte de Bourmont, les prisons de la Casbah avaient été placées sous la garde de nos troupes; un examen minutieux des prisonniers avait eu lieu; tous ceux que leurs sentiments pour la cause française avaient fait incarcérer étaient mis immédiatement en liberté. Parmi eux se trouvait Salem, le père d'Abdallah, qui depuis plusieurs mois gémissait au fond d'un noir cachot, s'attendant d'un moment à l'autre à être sacrifié à la cruauté du pacha. Mais les préoccupations de celui-ci lui avaient fait oublier ses prisonniers, ou bien craignit-il que de nouveaux meurtres, ceux surtout de prisonniers auxquels pouvaient s'intéresser les Français, rendissent sa situation plus critique, et l'ordre d'exécution ne fut pas donné.

Lorsque Salem sortit de la sombre casemate dans laquelle il avait cru attendre le supplice, il fut un moment ébloui par le radieux éclat du soleil de juillet. Les gardiens turcs de la prison, l'esclave qui tous les jours, par un soupirail, lui jetait une pitance dont n'eût pas voulu un chien, avaient dédaigné de lui parler des grands événements qui s'accomplissaient. Seules, les sourdes détonations des pièces de siège, qui démolissaient les murailles et les terre-pleins de Fort-l'Empereur, avaient indiqué à Salem que quelque chose d'anormal se passait autour de la ville; mais, bien que lors de son incarcération des propos circulassent déjà par la ville, annonçant l'arrivée prochaine d'une armée française, Salem était si imbu de la puissance d'Hussein-dey qu'il ne pouvait s'imaginer que ce fussent les canons des roumis dont il entendait la voix formidable.

Aussi, quelle ne fut point sa stupéfaction lorsque, pénétrant dans la cour où jadis il avait guetté le passage du Père André, prisonnier comme lui, il vit celle-ci remplie de soldats vêtus d'uniformes étrangers et entendit des ordres formulés dans la langue française qu'il n'avait plus entendue depuis si longtemps.

Soudain il comprit. Alger était prise, Alger était délivrée du joug du pacha et de ses odieux janissaires. Les Français étaient les maîtres; le Dieu des chrétiens avait brisé la puissance des sectateurs de Mahomet, et bientôt sans doute Abdallah serait là. Abdallah qu'il n'avait pas revu depuis le départ des vaisseaux, des parlementaires français!

« Salem! cria une voix forte, Salem, tu ne me reconnais pas? »

L'aumônier du quartier général était près de l'Arabe, qui saisit la main du prêtre et la baisa avec effusion.

« Abdallah? dit-il ensuite, anxieux.

— Abdallah a été blessé, répondit le Père, blessé comme un brave soldat qu'il sera bientôt; mais dans peu de jours il sera guéri. Je vais te conduire auprès de lui. »

Les deux hommes sortirent de la Casbah; la sentinelle présenta les armes; devant le rempart des chevaux stationnaient, tenus en main par Burlot.

« Tu sais monter, Salem, » dit le prêtre, se mettant en selle.

L'Arabe eut un sourire d'orgueil, montrant ses dents blanches. Il avait été le meilleur cavalier de sa tribu.

« Alors en route! »

Les chevaux partirent au galop; une heure plus tard ils s'arrêtaient au camp, blancs de sueur.

« Comment va le blessé? dit l'aumônier, s'adressant à un infirmier assis devant la tente-ambulance.

— Il va bien, monsieur l'aumônier, répondit le soldat; mais il était temps que vous arriviez. Je n'aurais pas pu le garder plus longtemps. Et voyez, le voilà! »

En entendant la voix du prêtre, le petit Arabe s'était en effet glissé hors de son lit et, faible encore, s'était avancé tout en chancelant jusqu'à la porte de la tente.

A la vue de Salem, une rougeur fugitive colora son visage pâli par la souffrance; il tendit les bras vers son père en balbutiant des mots inintelligibles, puis perdit connaissance.

Salem et le Père André, aidés de l'infirmier, le reportèrent dans son lit avec mille précautions. Un médecin arriva.

« Ce ne sera rien, dit-il. Une simple syncope. La joie ne tue pas. »

On fit respirer des sels à l'enfant, on lui introduisit dans la bouche un cordial énergique; quelques minutes plus tard il reprenait ses sens et, ouvrant les yeux, voyait des figures amies épiant son retour à la vie, tandis que ses petites mains amaigries étaient serrées dans celles de son père et de son père adoptif.

Pendant la route d'Alger au camp, le missionnaire avait mis Salem au courant de ce qui s'était passé depuis son départ pour la France; il lui avait raconté le courage d'Abdallah, son dévouement tout récent, alors que pour sauver la vie de l'aumônier il avait reçu la blessure qui le tenait alité et l'entraînement irrésistible qui le poussait à servir bientôt sous les drapeaux français. Aussi Salem ne se montra-t-il point surpris, et un signe d'assentiment fut sa réponse lorsque l'enfant, lui montrant du geste le bel uniforme suspendu au pied de son lit, lui dit, une ardente flamme dans les yeux :

« Père, moi aussi, je serai soldat. »

FIN

TABLE

29734. — Tours, impr. Mame.

www.ingramcontent.com/pod-product-compliance
Ingram Content Group UK Ltd.
Pitfield, Milton Keynes, MK11 3LW, UK
UKHW051020210726
13857UKWH00007B/635